Elisabeth Schlumpf / Heidi Werder

IMMER FÜR ANDERE DA?

Wege aus der Überverantwortlichkeit

ISBN 3-466-30513-6

Druck und Bindung: Kösel, Kempten
Umschlag: Elisabeth Petersen, München
Umschlagmotiv: Tom Durfee, zefa visual media gmbh
Düsseldorf

4 5 6 7 8 · 04 03 02 01 00

Gedruckt auf umweltfreundlich hergestelltem Werkdruckpapier (säurefrei und chlorfrei gebleicht)

Einer trage des andern Last

oder

Keiner trage des andern Last?

Inhalt

Seltsamer Spazierritt

Ein Mann reitet auf seinem Esel nach Haus und läßt seinen Buben zu Fuß nebenher laufen. Kommt ein Wanderer und sagt: »Das ist nicht recht, Vater, daß Ihr reitet, und laßt Euren Sohn laufen; Ihr habt stärkere Glieder.« Da stieg der Vater vom Esel herab und ließ den Sohn reiten. Kommt wieder ein Wandersmann und sagt: »Das ist nicht recht, Bursche, daß du reitest, und lässest deinen Vater zu Fuß gehen. Du hast jüngere Beine.« Da saßen beide auf und ritten eine Strecke. Kommt ein dritter Wandersmann und sagt: »Was ist das für ein Unverstand: Zwei Kerle auf einem schwachen Tiere; sollte man nicht einen Stock nehmen und euch beide hinabjagen?« Da stiegen beide ab und gingen selbdritt zu Fuß, rechts der Vater und links der Sohn und in der Mitte der Esel. Kommt ein vierter Wandersmann und sagt: »Ihr seid drei kuriose Gesellen. Ist's nicht genug, wenn zwei zu Fuß gehen? Geht's nicht leichter, wenn einer von euch reitet?« Da band der Vater dem Esel die vorderen Beine zusammen, und der Sohn band ihm die hinteren Beine zusammen, sie zogen einen starken Baumpfahl durch, der an der Straße stand, und trugen den Esel auf der Achsel heim.
So weit kann's kommen, wenn man es allen Leuten will recht machen.

(Johann Peter Hebel, aus Das große Märchenbuch, Diogenes Verlag.)

Einleitung

Vater und Sohn in der Geschichte von Johann Peter Hebel versuchen, es allen recht zu machen. Sie haben kein sicheres Gefühl für das, was ihnen und ihrem Esel angemessen ist. Um niemandes Widerspruch zu erregen, tun sie etwas, was keinem dient: Sie belasten sich selbst, und der arme Esel kann sich dabei nur unbehaglich fühlen.

Unser Buch handelt von Menschen, die gewohnheitsmäßig für andere Lasten übernehmen und sich ständig um andere sorgen. Wir nennen sie Sorgenspinnen- und Lasteselmenschen. Diese Ausdrücke haben wir gewählt, um bildlich zu beschreiben, worum es geht.

»Spinne am Morgen, Kummer und Sorgen«[1], heißt ein Sprichwort. Menschen mit Sorgenspinnen-Natur wickeln sich und andere gleichsam in ein Netz aus Sorgen und Befürchtungen ein. Lasteselmenschen dagegen bürden sich Pflichten und Aufgaben auf, ohne die eigene Tragfähigkeit zu berücksichtigen. Beiden ist ein Grundgefühl gemeinsam, das wir als Überverantwortlichkeit bezeichnen.

Überverantwortlichkeit ist keine Krankheit. Sie ist eine Lebenshaltung, scheinbar untrennbar mit uns verbunden. Wir haben sie uns angeeignet; sie ist uns zur zweiten Haut geworden. Sie wurde uns übergezogen, und wir sind in sie hineingeschlüpft. Unsere Überverantwortlichkeit zwingt uns, Sorgen und Lasten anderer Menschen blindlings zu übernehmen. Für eigene Bedürfnisse bleibt da kein Raum, ja wir übersehen sie, oft ohne dies zu bemerken.

Überverantwortlichkeit hat einen hohen Preis.

Mit dieser »selbstlosen« Haltung ernten wir Anerkennung und Dankbarkeit. Aber wir bezahlen einen Preis: Die zweite Haut engt uns allmählich bis zum Ersticken ein und behindert unser Wachstum. Indem wir uns ausschließlich auf die Bedürfnisse anderer ausrichten, verlieren wir den Bezug zu unserem Wesenskern; wir haben keine »innere Stimme« mehr.

Wenn es uns gelingt, sie mitten im Lärm der Wünsche und Anforderungen von außen wieder zu vernehmen, haben wir die Möglichkeit, Innen und Außen in einen Dialog treten zu lassen. Wir können dann wieder unterscheiden zwischen den an uns herangetragenen Bedürfnissen und unseren eigenen, das heißt wir verwechseln uns selbst nicht länger mit unserer zweiten Haut. Von daher erhalten wir neuen Spielraum, aus dem eingefahrenen Geleise unserer Gewohnheit auszusteigen. Wir gewinnen mehr Freiheit, neue Wege zu beschreiten und etwas liebevoller mit uns und anderen Menschen umzugehen. Dass diese Umstellung nicht leicht fällt, wissen wir. Sie muss immer wieder neu geübt werden. Wir hoffen aber, dass unser Buch Ihnen dazu verhilft, für andere **und** für sich selbst da zu sein.[2]

Das Erscheinungsbild der Überverantwortlichkeit

Woran erkennen wir die Sorgenspinne und den Lastesel?

Sorgenspinnen- und Lasteselhaltungen begegnen uns auf Schritt und Tritt. Sie drücken sich auf vielfältige Weise in verschiedenen Schattierungen und Abstufungen aus. Sie betreffen Frauen und Männer. Bei manchen Menschen ist die Spinnen- oder Lasteselhaltung sehr ausgeprägt. Sie sind darin gefangen wie in einem Käfig. Ihre ganze Lebenshaltung wird davon bestimmt. Andere neigen in bestimmten Lebensphasen oder besonderen Lebensumständen dazu. Manchmal ist es nicht leicht, zwischen großem Verantwortungsbewusstsein und Überverantwortlichkeit zu unterscheiden.
Wesentlich ist, dass überverantwortliche Menschen ihre eigenen Wünsche und Bedürfnisse weniger wahrnehmen als die anderer Menschen. Sie sind im Extremfall »immer bei den andern«.
Vom Erscheinungsbild her lassen sich überverantwortliche Menschen drei Gruppen zuordnen. Jede umfasst bestimmte

Aspekte; Überschneidungen lassen sich nicht ganz vermeiden. Wir bringen für jede Gruppe einige charakteristische Beispiele und geben anschließend eine verallgemeinernde Zusammenfassung. Die geschilderten Situationen haben wir selbst erlebt oder von andern erfahren, lediglich die Namen und Lebensumstände wurden verändert.

Verantwortungsbewusst oder überverantwortlich?

Im zweiten Teil dieses Kapitels befassen wir uns mit den Schattenseiten überverantwortlicher Menschen. In diesen Beispielen kommt zum Ausdruck, wie ihre Umgebung sie erlebt: als Angehörige oder Menschen, die in irgendeiner Weise von ihnen abhängig sind.

Anpassung über alles und übertriebene Rücksichtnahme

Die folgenden Begebenheiten zeigen, wie sich überverantwortliche Menschen dieser ersten Gruppe in bestimmten Situationen verhalten.

Das kleinste Zimmer ist gut genug für mich
Doris lebt nach ihrer Scheidung zusammen mit ihren drei Kindern. Nun hat sie einen neuen Partner kennen gelernt. Alle zusammen beziehen eine neue Wohnung. Doris wählt für sich den kleinsten Raum und überlässt ihrem Partner ein geräumiges Zimmer. Erst hinterher bemerkt sie, dass sie keinen Raum hat, wohin sie sich zurückziehen kann. In ihrem Zimmer kann sie weder nähen noch basteln. Sie findet auch keinen Platz für die Gegenstände, die ihr lieb sind.

Ihr Partner hingegen braucht seinen Raum nur zum Schlafen und für seine Kleider, da er im unteren Stock noch ein geräumiges Büro hat.

Doris liegt viel daran, dass ihr Partner sich in der neuen Lebenssituation wohl fühlt. An sich selbst denkt sie zunächst nicht. Erst nach einer Weile wird ihr bewusst, wie sehr sie sich zugunsten ihres Freundes eingeschränkt hat. Sie ärgert sich über sich selbst. Es vergeht aber noch einige Zeit, bis sie den Mut findet, ihr Unbehagen auszudrücken. Es kostet sie große Überwindung, eigene Wünsche anzumelden.

Ich schlängle mich durchs Leben

Der 34-jährige Alexander steckt in einer Lebenskrise und sucht therapeutische Hilfe. Während einer der ersten Sitzungen wird er aufgefordert, Tierfiguren auszuwählen, die typisch für ihn und für seine Herkunftsfamilie sind. Für sich selbst nimmt Alexander eine kleine gelbe Schlange. Dazu sagt er: »Bis jetzt habe ich mich durchs Leben geschlängelt. Schon als Kind bin ich ausgewichen, wo und wann ich konnte. Ich habe gemogelt und gelogen, um dem Donnerwetter und den Strafen meiner Eltern zu entgehen. Die Schulleistungen waren ihnen sehr wichtig. Eine schlechte Note hatte immer Konsequenzen. So habe ich schon mit zehn Jahren routiniert die Unterschriften der Eltern gefälscht, wenn ich eine ungenügende Note eingefangen hatte.«

In der Hoffnung, gut dazustehen vor andern, hat sich Alexander viele Jahre durch das Leben geschlängelt. Damit kommt er nun nicht mehr weiter. Die Krise hat ihn eingeholt trotz aller Ausweichversuche. Er hat nicht gelernt, zu sich selber zu stehen, sich so anzunehmen, wie er ist.

Was passt zu mir? Andere wissen es besser

Tamara probiert in einer teuren Kleiderboutique – es ist Ausverkauf – ein Kleid an und betrachtet sich im Spiegel.
Verkäuferin: »Das Kleid steht Ihnen ausgezeichnet. Es ist ein Einzelstück.«
Tamara: »Die Farbe ist ungewohnt.«
Verkäuferin: »Kommen Sie, schauen Sie sich im großen Spiegel an. Dieses Stück hat auf Sie gewartet.«

Tamara: »Dieser Schriftzug auf dem Rücken, ist er nicht zu auffällig?«
Verkäuferin: »Mir scheint es nicht so. Im Gegenteil, er wirkt sportlich und rassig an Ihnen. Er passt doch zu Ihrem Typ.«
Tamara zögert. Das Stück kostet die Hälfte des ursprünglichen Preises. Sie zieht ein anderes Kleid an, zum Vergleich. Sie fühlt sich wie ein Fisch an der Angel und kauft das erste Kleid. Sie hat es nie getragen.

Tamara ist ambivalent. Sie weiß nicht, will sie das Kleid oder will sie es nicht. In dieser Situation ist sie sehr leicht zu beeinflussen. Die Verkäuferin weiß, was sie will. Sie redet so überzeugend auf Tamara ein, dass deren schwache innere Gegenstimme übertönt wird. Tamara fühlt sich unbehaglich, und es fallen ihr keine Gegenargumente mehr ein, nachdem all ihre Vorbehalte entkräftet worden sind.

Meine Kleider sind auch deine Kleider
Agnes' Tochter ist verliebt. Sie möchte hübsch aussehen und bedient sich ohne zu fragen mit Kleidern aus dem Schrank der Mutter. Agnes sagt nichts und redet sich selber zu: »Du warst ja auch einmal jung und verliebt und weißt doch, dass man da einfach gut aussehen möchte.« Als sie für einen Anlass, der ihr sehr wichtig ist, ihre beste Bluse anziehen will, liegt diese verschmutzt im Wäschekorb. Agnes muss ein Kleid anziehen, das ihr weniger gut steht und in dem sie sich nicht besonders wohl fühlt.

Agnes möchte großzügiger sein, als es ihrer Natur entspricht. Sie übergeht dabei ihre eigenen Interessen und sieht sich am Ende benachteiligt. Das Resultat: Sie ärgert sich über ihre Tochter, obwohl sie selbst es ist, die keine klaren Grenzen gesetzt hat.

Wie setze ich mich hin?
Zu Beginn einer Therapiesitzung bemerkt Rosmarie, wie ich mir ein Kissen zurechtrücke. Sie selber sitzt nicht bequem. Das hat sie schon festgestellt, als sie sich setzte. Aber sie nahm ihr Unbehagen nicht ernst.

An diesem Beispiel wird ihr bewusst, wie oft sie sich im Leben unbequem hinsetzt. Sie spürt dann jeweils, dass sie in eine unangenehme Situation geraten ist. Aber sie harrt gewohnheitsmäßig aus, auch wenn es nur ganz wenig bräuchte, um »ein Kissen zu verschieben«.

Ich kann nicht Nein sagen

Sabine telefoniert eine halbe Stunde länger, als sie eigentlich will. Ihr ganzes Programm gerät durcheinander. Das Abendessen verkocht, das Fleisch wird zäh, die Kinder geraten außer Rand und Band. Sie wagt nicht, das Gespräch zu beenden.

Sabine wagt nicht zu sagen, dass sie im Moment keine Zeit hat. Auf keinen Fall will sie ihre Telefonpartnerin vor den Kopf stoßen. Sie nimmt in Kauf, dass das Abendessen missrät und ihre Familie unzufrieden ist.

Wen schone ich, mich oder den andern?

Balthasar besucht seine betagte Mutter im Alters- und Pflegeheim. Die Mutter: »In letzter Zeit fühle ich mich oft schwach. Ich mag kaum aufstehen. Das Essen schmeckt mir nicht mehr, ich habe auch keinen Appetit. Weißt du, ich lebe wohl nicht mehr lange.« Balthasar: »Ach was, es geht dir doch schon viel besser. Du hast dich von deiner Grippe noch nicht ganz erholt.«

Balthasar hat Angst, auf die tiefer liegende Thematik von Tod und Sterben einzugehen. Er schont sich und seine Mutter, indem er einen oberflächlichen Trost anbietet.

Ich stehe jederzeit zur Verfügung

Brigitt steht ihrem Mann Max jederzeit zur Verfügung und geht mit ihm ins Bett, auch wenn sie lieber lesen oder schlafen möchte oder keine Lust hat.

Brigitt ist gewöhnt, die Wünsche und Ansprüche ihres Mannes über ihre eigenen zu stellen. Sie achtet nicht auf ihre eigenen Bedürfnisse und macht sich selbst damit zum verfügbaren Objekt.

Aus den Geschichten dieser ersten Gruppe ergibt sich das Suchbild eines überangepassten Menschen: Er ist entgegenkommend, gefällig, bereit zu lächeln. Er wirkt anspruchslos, macht sich am liebsten klein und unauffällig. Er eckt nicht an, wagt keine eigene Meinung zu äußern. Er neigt dazu, sich selber zu verkleinern und zu entwerten, sein Gegenüber dagegen aufzuwerten. Er überhöht andere, indem er übertriebene Komplimente macht, lobt, bewundert und schmeichelt. Er ist stets dienstfertig und gefällig und macht häufig unangemessene Geschenke. Für andere hat er immer

Das Motto des Überangepassten:
»Ganz bei dir, nicht bei mir.«

Zeit und Verständnis. Sich selber stellt er zurück und lässt sich leicht abspeisen. Seine eigenen Bedürfnisse spürt er wenig, er übergeht und unterdrückt sie gewohnheitsmäßig. Unangenehme Gefühle, vor allem Ärger und Wut, steckt er weg. Konflikten geht er nach Möglichkeit aus dem Weg. Was er sucht, ist Harmonie und Einheit mit der Umgebung. Sein Leitmotiv scheint der Satz zu sein »Ganz bei dir, nicht bei mir«. Weil er sich gewohnheitsmäßig auf andere Menschen ausrichtet, ist er in Gefahr, den Bezug zu sich selber zu verlieren.

Zuständig für alles – gestresst und gehetzt

Um den Lastesel im eigentlichen Sinn geht es in dieser Gruppe, das heißt um Menschen, die sich gewohnheitsmäßig überfordern. Sie stehen unter dem inneren Zwang zu

leisten. Sie sind oft außerstande sich zu entlasten, sich zwischendurch zu entspannen. Sie unterscheiden sich in ihrer Haltung von Menschen, die aus Freude, Interesse und mit innerer Hingabe eine anspruchsvolle Aufgabe übernehmen, diese aber auch wieder loslassen können.
Wiederum wollen wir uns dieser Untergruppe mit Geschichten annähern. Vorangestellt sei die Fabel vom *Spatz, der das Himmelsgewölbe trägt*:

Ein Spatz lag auf dem Rücken und streckte seine Beinchen starr gegen den Himmel. Ein anderer Vogel flog vorüber und fragte verwundert: Warum liegst du da und hältst deine Beine so starr? Da antwortete der Spatz mit großem Ernst: Ich trage den Himmel mit meinen Beinen! Wenn ich losließe, würde der Himmel herabfallen! Kaum hatte er das gesagt, löste sich ein Blatt vom nahen Eichbaum und fiel leise raschelnd zu Boden. Darüber erschrak der Vogel so sehr, dass er sich geschwind aufrichtete und spornstreichs davonflog. Der Himmel aber blieb an seinem Ort.

Der Spatz in dieser Fabel überschätzt seine Kräfte, verkennt seine Bedeutung und hält sich für zuständig, wo er es gar nicht ist. Was verbindet den Sperling aus der Fabel mit dem Lasteselmenschen? Die folgenden Geschichten zeigen, was ihnen gemeinsam ist.

Ich bin unentbehrlich

Roland hat einen Herzinfarkt erlitten. Nach längerer Erholungszeit beginnt er wieder in seiner Arztpraxis zu arbeiten. Trotz guten Vorsätzen und dem dringenden Rat seines Arztes, sich zu entlasten, sieht Roland nach kurzer Zeit wieder sechzig Patienten pro Tag. Sein Arbeitspensum ist so groß wie zuvor.

Der Herzinfarkt ist ein deutliches Signal. Wenn das Herz eine Stimme hätte, würde es rufen: »Das mache ich nicht mehr mit! Ich streike!« Nach dem Infarkt hat Roland gute Vorsätze. Irgendwo sieht er, wie zerstörerisch er mit sich selber umgeht. Und doch: Er bringt es nicht fertig, aus seinem Lebensmuster auszusteigen.

Ich leiste bis zur Erschöpfung

Hanna ist eine tüchtige und viel beschäftigte Frau. Sie ist verheiratet, hat vier Kinder, besorgt ein Haus mit großem Garten und erledigt für ihren Mann die Buchhaltung seines Geschäfts. Zur Zeit betreut sie noch ihre Mutter, die nach einer Operation pflegebedürftig ist. Jeden Abend sinkt sie erschöpft ins Bett. Da kommt eine Anfrage vom Elternverein ihres Dorfes, ob sie nicht das Präsidium übernehmen würde. Hanna weiß, dass zwischen den Lehrern und der Elternschaft ein gespanntes Verhältnis besteht. Sie sieht eine Gelegenheit zu vermitteln und sagt Ja, obwohl sie nicht weiß, wie sie die abendlichen Sitzungen überstehen soll.

Hanna hat das schier unlösbare Problem, all die Anforderungen unter einen Hut zu bringen. So tüchtig sie ist: Ihr Pensum ist übermenschlich. Sie missachtet die Grenzen ihrer Leistungsfähigkeit und meint, sie sei für alles zuständig.

Ich kann mir keine Pause gönnen

Tinas Arbeit im sozialen Bereich ist anstrengend. Sie setzt sich in ihrem Beruf sehr ein. Sie begegnet täglich Menschen in besonders schwierigen Lebenssituationen und kommt kaum dazu, sich und ihre Bedürfnisse während des Tages wahrzunehmen.
Abends, wenn sie nach Hause kommt, fährt sie in der gleichen Art weiter. Ohne auf ihre Müdigkeit zu achten, bringt sie den Haushalt in Ordnung. Sie ist stolz auf ihr gutes Funktionieren, bis sie auf einmal entdeckt, dass sie sich selbst nicht mehr spürt. Sie hat keinen Impuls mehr, etwas zu unternehmen, das ihr Freude macht.

Tina ist am Ausbrennen. Ununterbrochenes Arbeiten ist zu ihrem Lebensinhalt geworden. Sie hat den natürlichen Rhythmus zwischen Anspannung und Ausruhen verloren, ebenso die Verbindung zu sich selbst und zu ihren Wünschen für ihr eigenes Leben. Dies geht sogar so weit, dass sie keinen Kontakt mehr zu ihren Körperempfindungen hat.

Ich bin allein für alles verantwortlich

Theres ist künstlerisch sehr begabt. Sie macht originelle Bildteppiche. Diese Arbeit ernährt sie aber nicht. Sie ist deshalb auf einen Brotberuf angewiesen, dem sie tagsüber nachgeht.

Als allein erziehende Mutter tut sie alles, um ihren Kindern eine schöne Jugendzeit zu bieten. Sie verlangt sehr wenig Mithilfe im Haushalt. Die Kinder dürfen jederzeit ihre Freundinnen nach Hause bringen. Theres kann niemanden abweisen, der sie braucht. Spät abends, wenn endlich Ruhe ist, kommt sie dazu, sich ihrer künstlerischen Arbeit zuzuwenden. Wenn sie dann eines ihrer Kunstwerke verkauft, wagt sie nicht, einen angemessenen Preis zu verlangen.

Theres sieht keinen Weg, sich von ihrer Familie genügend abzugrenzen, damit ihr mehr Zeit für ihre kreative Arbeit bleibt. Sie kann nichts abgeben, sondern versucht, alles allein und möglichst gut zu machen. Sie zündet die Kerze an beiden Enden an.

Das Motto des Lastesels:
»Ich trage die ganze Last für dich.«

Menschen mit Lasteselnatur müssen leisten. Sie sind gefangen in ihrer Aufgabe. Daneben hat nichts anderes Platz, nach dem Motto »Ganz bei der Pflicht, nicht bei mir«. In ihrer Überverantwortlichkeit gehen sie gewohnheitsmäßig über die Grenzen ihrer Belastbarkeit hinaus. Sie leisten bis zur Erschöpfung oder gar Erkrankung. Ihre Terminkalender sind voll, denn neben ihrer Arbeit übernehmen sie gerne auch weitere Aufgaben. Sie fühlen sich für alles verantwortlich und können deshalb schlecht delegieren. In ihrem Alltag ergibt sich kein Rhythmus zwischen Arbeit und Entspannung. Körperlich fühlen sie sich oft angespannt und erschöpft. Sie übergehen die Grenzen ihrer Belastbarkeit, ihr Bedürfnis nach Schlaf, Erholung und Ruhepausen. Oft verbreiten sie eine Atmosphäre von Hektik und Stress unter dem Vorzeichen von großer Effizienz. Sie ertrinken in Bergen von Unerledigtem, bringen nie alles unter einen Hut. In ihren Gedanken und Phantasien weilen sie oft in der Zukunft.

Weist man auf den Raubbau an ihren Kräften hin, führen sie tausend einleuchtende Gründe an, weshalb sie die selbstzerstörerische Lebensweise nicht – »jetzt noch nicht« – aufgeben können. Oft unterbricht erst eine Krankheit oder ein Unfall das verhängnisvolle Verhaltensmuster.

Sich um alles sorgen – das Netz aus Befürchtungen

Die Menschen in dieser Gruppe vergleichen wir mit der Spinne, die ihr Sorgennetz webt. Ihre Befürchtungen richten sich vor allem auf die Familie, auf Eltern, Kinder, Partner, aber auch auf Menschen, für welche sie verantwortlich sind. Dazu gehören insbesondere LehrerInnen, Vorgesetzte, TherapeutInnen, Seelsorger. Ihre Ängste können sie dazu bringen, übermäßig beschützen, bemuttern oder helfen zu wollen. Wieder wollen wir uns anhand von Geschichten der Sorgenspinne annähern. Vorangestellt sei der Text einer Reklame für eine Vorsorge-Versicherung:
Als Chefin muss ich mich um vieles kümmern. – Aber nicht um alles sorgen.
Diese Chefin ist keine Spinne im Sorgennetz. Sie ist zuständig für einen reibungslosen Ablauf im Betrieb sowie für gute Arbeitsbedingungen ihrer Angestellten. Aber: Sie mischt sich nicht ein. Sie lässt ihren Angestellten die Freiheit, selbständig zu arbeiten, autonom zu handeln. Chefin und Angestellte sind nicht durch klebrige Fäden miteinander verhängt. Alle können sich in ihrem Bereich frei bewegen. Im Gegensatz dazu kümmert sich die Sorgenspinne um alles und behindert mit ihrem Gespinst sich und andere.

Ich ängstige mich und kann nicht loslassen
Anitas 17-jährige Tochter Patrizia hat neuerdings einen Freund, mit dem sie ab und zu ausgeht. Anita möchte ihre Tochter nicht einschränken und lässt ihr deshalb offen, wann sie nach Hause kommt. Sie sagt höchstens: »Nicht später als zwölf Uhr, hörst du?« An den Abenden, an denen Patrizia ausgeht, liegt Anita regelmäßig wach, macht sich Sorgen um ihr Kind, phantasiert Unfälle und bangt immer wieder: »Wenn nur nichts passiert.« Allmählich merkt sie, dass hinter ihrer Sorge wegen eines Verkehrsunfalles noch eine andere Sorge steht, nämlich der Gedanke: »Hoffentlich passiert nichts in sexueller Hinsicht.«

Anita ist eine Mutter, die sich viele Sorgen macht. In ihren nächtlichen Befürchtungen malt sie sich alle möglichen Gefahren aus. Als besorgte Mutter möchte sie verhindern, dass ihre halbwüchsige Tochter eine unangenehme Erfahrung mit einem Mann macht oder gar ungewollt schwanger wird. Klare Abmachungen über die Zeit des Heimkommens könnten entlasten. Trotzdem wird sie einsehen müssen, dass sie ihre Tochter nicht ewig behüten kann. Sie muss schweren Herzens loslassen, sich eingestehen, dass die Tochter den Umgang mit Erotik und Sexualität über eigene Erfahrungen lernen muss.

Fremde Sorgen werden zu meinen eigenen
Auch Herbert verbringt schlaflose Stunden. Er leitet ein Heim für Jugendliche, die straffällig geworden sind. Morgen findet ein Gespräch mit einem der Jugendlichen statt, mit seinen Eltern und dem Lehrer. Wie soll es mit ihm weitergehen, welcher Weg soll eingeschlagen werden? In der gleichen Nacht schlafen sowohl der Jugendliche als auch dessen Eltern friedlich.

Herbert macht Sorgen und Kümmernisse anderer zu seinen eigenen. Dies kann für die anderen sehr angenehm sein. Es entlastet sie, und sie müssen sich nicht selber um gangbare Lösungen bemühen.

Ich sorge mich um alles
Anna verbringt die Ferien zusammen mit ihrer großen Familie. Zu Hause überlegt sie, was sie in ihren Ferien tun will. Sie packt Bü-

cher ein, die sie schon längst lesen wollte. Beim Einpacken der Turnschuhe nimmt sie sich vor, regelmäßig zu joggen. Auch der Tennisschläger kommt mit, und für alle Fälle ein paar Kochrezepte. Dann wählt sie für die Kinder ein paar Bilderbücher zum Erzählen aus, holt farbige Knetmasse für regnerische Tage sowie zwei Gesellschaftsspiele.
Kaum ist sie am Ferienort, verspürt Anna eine große innere Spannung. Wann soll sie das Kochen übernehmen, wann das Einkaufen? Ist es ihre Aufgabe, die Wäsche zu machen? Wer ist dafür verantwortlich, dass das Haus nicht im Chaos versinkt? Wer soll die Kinder hüten? Wenn sie daran denkt, dass sie auch manchmal Zeit für sich selber haben möchte, verspürt sie Schuldgefühle, denn sie sollte sich doch nützlich machen. Und wenn es ihr gelingt, die Schuldgefühle als unangebracht zur Seite zu schieben, verspürt sie eine quälende Müdigkeit und Leere. Sie weiß nicht, was sie mit sich anfangen soll.

Anna ist überbesorgt und überverantwortlich. Sie nimmt die Probleme innerlich vorweg, fühlt sich für alles zuständig und befindet sich in einer Dauerspannung. Nur wenn Anna mit ihrer Familie klärt, wo die Grenzen ihrer Verantwortung liegen, kann sie diesem Dilemma entkommen.

Wir greifen ein, weil wir Angst um dich haben

Seraina und Marcel haben einen kleinen, unternehmungslustigen Sohn von zwei Jahren. Er klettert hinauf, wo er kann, auf Betten, Stühle und Tische. Kaum ist er oben angelangt, sind seine Eltern zur Stelle und tragen ihn weg.

Seraina und Marcel befürchten, dass sich der kleine Junge wehtun könnte; dies versuchen sie zu verhindern. Gleichzeitig verunmöglichen sie es ihm, Erfahrungen zu machen. Es ist für Eltern schwer zu spüren, wo sie ihr Kind schützen müssen und wo ihm eine kleine »schlechte« Erfahrung zugemutet werden kann. Ängste der Eltern sind normal. Der Impuls, ein kleines Kind zu schützen, ebenfalls. Es ist nicht leicht zu unterscheiden, wann Ängste begründet sind und wann man sie aushalten muss, damit das Kind einen Erfahrungsschritt machen kann.

Sorgen rauben mir den Schlaf

Markus hat eine schlaflose Nacht. Am nächsten Tag trifft er sich mit seinen Geschwistern wegen einer Erbteilung. In der Nacht treiben ihn Fragen um: »Wenn ich meine Wünsche anmelde, so denken meine Geschwister sicher, ich sei habgierig. Wenn ich eine eigene Meinung äußere, wenn ich sage, was ich wirklich denke, so lehnen sie mich ab, und ich gefährde den Familienfrieden.« Merkwürdig: Seine Geschwister schlafen gut und tief in dieser Nacht.

Markus spinnt ein Netz aus nächtlichen Phantasien und Befürchtungen. Er verfängt sich in Vorstellungen von schrecklichen Zerwürfnissen in der Familie. Vergeblich versucht er, überzeugende Argumente zu finden. Erstaunlich, denn wenn es um Sachverhalte geht, die ihn nicht persönlich betreffen, ist er nicht um Worte verlegen.

Das Motto der Sorgenspinne:
»Meine ganze Sorge gilt dir.«

Aus den Geschichten dieser dritten Gruppe ergibt sich das Bild des überbesorgten, sich aufopfernden Menschen, der sich um alles und alle kümmern muss nach dem Motto »Meine ganze Sorge gilt dir«. Bis in den Schlaf hinein verfolgen ihn die Probleme. In schlaflosen Stunden werden aus Mücken Elefanten, kleinere Krisen weiten sich aus zu Katastrophen. Erst am Morgen pflegen die Befürchtungen zu schrumpfen, wenn sich der Bezug zur Realität wieder einstellt.
Überbesorgte Menschen haben häufig Schlafstörungen. Sie wirken innerlich bedrückt, immer scheint sie irgendetwas zu plagen. Nicht umsonst spricht man von Sorgenfalten und Kummerspeck. Sorgenspinnen nehmen anderen mit ihrer übermäßigen Fürsorge oft Verantwortung ab. Sie laufen Gefahr, Menschen von sich abhängig zu machen und sie unmündig zu halten.

Natürlich gibt es Sorgen, die uns nachts wach halten, wie beispielsweise schwere Erkrankungen in der Familie, ernsthafte Beziehungsschwierigkeiten oder der Verlust der Arbeitsstelle. Überverantwortliche Menschen machen sich jedoch gewohnheitsmäßig übertriebene Sorgen, unabhängig von der Tragweite des Problems.
Greifen wir die Leitsätze nochmals auf, die das Leben überverantwortlicher Menschen bestimmen:

- Ganz bei dir – nicht bei mir.
- Ich trage die ganze Last für dich.
- Meine ganze Sorge gilt dir.

Wir sehen, dass in allen drei Sätzen die Seite des Du, des Mitmenschen, betont ist. Überverantwortliche Menschen sind in der Tat häufig selbstlos, hilfsbereit und großzügig. Diese Eigenschaften wollen wir auf keinen Fall in Frage stellen. Nur: Überverantwortliche vergessen sich selber gewohnheitsmäßig ob der Sorge für andere. Mit sich selbst gehen sie rücksichtslos um; dadurch schaden sie sich früher oder später. Außerdem bekommt ihre Umgebung mit Sicherheit die Schattenseiten ihrer »Ganz bei dir – nicht bei mir«-Haltung zu spüren.

Immer für die andern da? Am Ende des Buches haben wir Fragen zusammengestellt (S. 147), die helfen, Überverantwortlichkeit bei sich selbst zu erkennen.

Die Schattenseiten: Innere Unbeweglichkeit – Unausgesprochene Erwartungen – Verdeckte Aggressionen

Überverantwortliche Menschen halten sich für bescheiden, friedliebend, entgegenkommend. Sie sind identifiziert mit ihrer tüchtigen und fürsorglichen Seite. Wie sie auf ihre Umgebung wirken, nehmen sie wenig oder gar nicht wahr. Die Umgebung dagegen empfindet sehr wohl, was hinter der Fassade ist, und leidet unter der Kehrseite der vordergründigen Tugenden: Der geduldige Esel kann störrisch werden und ausschlagen; die besorgte Spinne kann ihre Opfer einwickeln, lähmen und aussaugen.
Wie wirken überverantwortliche Menschen auf ihre Umgebung? Wie fühlen sich Freundinnen und Freunde in ihrer Gegenwart? Dazu zwei Beispiele:

Dein Geschmack ist unübertrefflich
Gerda hat ihr Wohnzimmer neu eingerichtet. Ihre Freundin kommt zu Besuch und bricht in Begeisterung aus über die Möbel. Sie lobt Gerdas Geschmack in den höchsten Tönen. Immer wieder beteuert sie, wie modern, wie praktisch, wie unvergleichlich jedes Stück sei. Ihre eigene Wohnung, die Gerda sehr hübsch findet, sei im Vergleich dazu schäbig und altmodisch. In Gerda steigt ein flaues Gefühl hoch. Sie fragt sich: Ist meine Freundin aufrichtig? Meint sie wirklich, was sie sagt?

Überangepasste und übertrieben rücksichtsvolle Menschen erwecken den Eindruck, ihr innerer Maßstab sei verrutscht. Sie verleihen uns einen Wert und eine Wichtigkeit, die uns nicht zukommen. Sich selbst verkleinern sie oft derart, dass ein peinliches Gefühl zurückbleibt. Unversehens befinden wir uns auf einem Sockel, umtrippelt und angebetet von einem grauen Mäuschen. Unsere Freundin, die erwachsene Frau, ist verschwunden.

Schau, was ich alles für dich tue
Bernhard holt Renate am Bahnhof ab. Renate bemerkt, dass er hinkt. Bernhard bestätigt, er leide seit einiger Zeit unter Rückenschmerzen. Trotz Renates Protest besteht er darauf, ihre schwere Reisetasche zu tragen mit der Bemerkung: »Das ist doch selbstverständlich. Es macht mir wirklich nichts aus.«

Bernhard spielt seine Schmerzen herunter. Er behandelt seinen Körper wie ein Stück Holz. Er bemüht sich, als absolut hilfsbereiter und selbstloser Mensch dazustehen. Und Renate? Bernhards widersprüchliche Aussagen lösen bei ihr ebenso widersprüchliche Empfindungen aus: Soll sie ihn bemitleiden oder sich ärgern? Sie fühlt sich hilflos und hat ein diffuses Schuldgefühl.

Innere Unbeweglichkeit

Überverantwortliche reagieren unwillig auf Anregungen und Vorschläge, sich zu entlasten. Sie scheinen eigensinnig darauf bedacht, an ihren Sorgen und Lasten festzuhalten. Sie beklagen sich zwar, sind aber kaum bereit, Hilfe anzunehmen. Ihr Ächzen und Jammern löst Schuldgefühle aus, besonders bei ihnen Nahestehenden. Über ihre eigenen Bedürfnisse lassen sie ihre Umgebung im Unklaren. Damit verursachen sie Unsicherheit und Ärger. Man gibt es auf, ihnen raten zu wollen, und wendet sich von ihnen ab.

Überverantwortliche sind selten bereit, Hilfe anzunehmen.

Weil Überverantwortliche an der Idee festhalten, die Probleme anderer zu lösen, fühlt man sich von ihnen kontrolliert und manipuliert. Es wirkt, als ob sie Macht ausüben und die Fäden in der Hand behalten wollten. Versucht man, dies

anzusprechen, reagieren sie verletzt. Sie fühlen sich in ihren besten Absichten verkannt.
Die folgenden Beispiele haben wir zum Teil bereits erwähnt. Betrachten wir dieses Mal, wie sie auf ihre Umgebung wirken.

Rolands Frau stößt auf Beton
Roland, 65 Jahre, hat einen Herzinfarkt hinter sich. Als Arzt behandelt er wieder sechzig Patienten am Tag wie zuvor. Seine Frau bittet ihn vergeblich, seine Arbeitszeit zu verkürzen und auch mal einen freien Tag einzulegen. Aber sie stößt bei ihm auf taube Ohren. Er beweist ihr mit hieb- und stichfesten Argumenten, weshalb dies ganz unmöglich sei.

Rolands Frau ist am Verzweifeln. Sie hat Angst um ihren Mann. Er ist völlig unzugänglich und wischt all ihre Vorschläge und Argumente unter den Tisch.

Patrizia fühlt sich kontrolliert
Patrizia, 17 Jahre, hat einen neuen Freund und geht mit ihm aus. Manchmal kommt sie sehr spät nach Hause, dreht leise den Schlüssel der Wohnungstür und schleicht in ihr Zimmer. Kaum ist sie daheim, wird das Licht im Elternschlafzimmer gelöscht.

Patrizia kann von ihrem Alter und ihrer Art her längst Verantwortung für sich selbst übernehmen. Sie fühlt sich durch die indirekte Botschaft des Lichts im elterlichen Schlafzimmer kontrolliert und vermisst ein offenes Gespräch mit den Eltern.

Sabines Mann fühlt sich missachtet
Sabines Mann findet sie am Telefon, als er abends nach Hause kommt. Die Kinder toben herum, aus der Küche riecht es verbrannt.

Sabines Mann wird ärgerlich, weil er schon oft erlebt hat, dass seine Frau ein Telefongespräch nicht beenden kann. Er fühlt sich zurückgesetzt und fragt sich: Sind andere Leute ihr denn so viel wichtiger als ich und die Kinder?

Daniel hat Schuldgefühle

Daniel, 22 Jahre, hat Semesterferien. Er genießt das Ausschlafen. Seine Mutter erhebt sich früh, stellt sein Frühstück bereit, kocht und putzt mit Duldermiene. Wenn er fragt, ob die Arbeit ihr zu viel sei, wehrt sie ab.

Daniel bemerkt sehr wohl die Duldermiene seiner Mutter. Gleichzeitig hört er, wie sie beteuert, die Arbeit sei ihr nicht zu viel. Der Widerspruch verwirrt ihn. Er bekommt ein schlechtes Gewissen und weiß nicht, wie er sich verhalten soll.

Max weiß nicht, woran er ist

Seine Frau Brigitt sagt nie Nein, wenn er mit ihr schlafen möchte. Aber ihr Körper bleibt passiv, sie wirkt abwesend. Er hat das Gefühl, eine kühlen Fisch zu umarmen.

Max fragt sich: Bin ich nicht anziehend genug für Brigitt? Mache ich etwas falsch? Ein klares Ja oder Nein von ihr könnte ihn entlasten.

Ich helfe, ob es dir passt oder nicht

Remo steht mit seinem Blindenstock am Straßenrand. Er überlegt, wo er seinen Einkauf tätigen will. Da packt ihn jemand am Arm. Eine fremde Stimme sagt: »Kommen Sie, ich führe Sie über die Straße.« Remo versucht, sich zu wehren. »Doch, doch, das mache ich gerne für Sie«, bekommt er zu hören. Und schon findet er sich auf der anderen Straßenseite, verärgert und gedemütigt.

Remo erfährt eine Art Hilfe, die er sich gar nicht wünscht. Der Helfer verfährt mit ihm nach seinen eigenen Vorstellungen. Remo fühlt sich überrollt und respektlos behandelt.
Auch in der therapeutischen Arbeit kann diese innere Unbeweglichkeit beobachtet werden. Überverantwortliche Klienten melden sich oft, weil sie sich ausgelaugt fühlen und verschiedene psychische und körperliche Symptome entwickelt haben. Vordergründig sind sie die idealen Klienten. Sie sind hoch motiviert, einsichtig, interessiert, und sie versuchen, den realen und phantasierten Erwartungen des

Therapeuten zu entsprechen. Sobald es aber darum geht, große, kleine oder winzige Schritte hin zu einer Veränderung der Lebensgewohnheiten zu tun, anstatt nur darüber zu reden, stößt der Therapeut auf eine Betonmauer. Diese drückt sich nicht in einem klaren Nein aus, sondern in der Formulierung »Ja, aber ...«, die jeden möglichen Schritt blockiert. Die Botschaft heißt: »Hilf mir, aber es darf sich nichts ändern.« Oder: »Wasch mir den Pelz, aber mach ihn nicht nass.«

Unausgesprochene Erwartungen

Zu einer besonderen Eigenheit der Überverantwortlichen gehört, dass sie stillschweigend eine Entschädigung für geleistete Dienste erwarten, nach dem Motto »Gebe ich dir das, bist du mir dafür jenes schuldig«. Leider geht diese Rechnung nicht auf, denn die »Schuldner« wissen nichts von der heimlichen Buchhaltung und nehmen harmlos die angebotene Unterstützung entgegen. Bleibt die erhoffte Gegenleistung aus, reagieren Überverantwortliche nicht direkt. Sie können von andern nicht fordern, was angemessen wäre. Im Gegenteil: Sie verdoppeln ihre Anstrengungen.

Die heimliche Buchhaltung

Die Hoffnung auf Dank und Anerkennung nimmt zu, wird aber nicht ausgedrückt. Der andere sollte doch merken, was sie brauchen. Enttäuschung und aufsteigender Ärger werden heruntergeschluckt. Im Seelenkämmerlein werden sie aber registriert. Unerklärliche Verstimmungen deuten darauf hin, dass das offen gebliebene Schuldkonto nicht ausgeglichen wurde. Häufig kommt es auch zu einem abrupten Rückzug, der für die Umgebung unverständlich ist. Dazu zwei Beispiele:

Silvia fühlt sich geprellt
Silvia, eine ehemalige Lehrerin, bereitet das Kind einer Freundin auf die Aufnahmeprüfung ins Gymnasium vor, ohne etwas dafür zu verlangen. Sie nimmt an, dass sie dafür das Ferienhäuschen ihrer Freundin eine Woche lang gratis benützen darf. Als sie anfragt, ob das Häuschen frei sei, sagt ihre Freundin: »Ja, du kannst es haben. Es kostet 70 Franken pro Tag. Ich schicke dir einen Einzahlungsschein.« Silvia ist enttäuscht und fühlt sich geprellt, sagt aber nichts.

Wie gesagt: Überverantwortliche Menschen haben eine Hemmung, für geleistete Dienste eine Entschädigung zu verlangen. Sie wagen nicht, die an sich berechtigte Erwartung auszusprechen. Bleibt die Anerkennung aus, schlucken sie die Enttäuschung hinunter.

Spüre bitte, was ich brauche
Manuela hat eine starke Grippe. Mehrere Tage muss sie das Bett hüten. Heute fühlt sie sich erstmals imstande, in die Küche zu gehen. Da erscheint die Studentin, die bei ihr wohnt. Sie hat einen Früchtekuchen mitgebracht. Manuela kocht Hafersuppe für beide. Nach dem Essen fühlt sich Manuela schwach. Sie möchte sich hinlegen und sagt: »Jetzt mag ich das Geschirr nicht mehr spülen. Ich werde es später tun.« Sie verspürt Selbstmitleid.

Manuela hofft insgeheim, die Studentin würde die Küche aufräumen. Diesen Wunsch auszusprechen, bringt sie aber nicht über die Lippen. Da ist eine innere Stimme, die sich meldet: »Heute geht es dir schon besser. Außerdem spülst du ja selber ungern Geschirr. Wie kannst du das der Studentin zumuten?« Manuela vergisst, dass Küchenarbeit für sie genauso mühsam ist wie für die Studentin. Sie nimmt nicht ernst, dass sie noch geschwächt ist.

Überverantwortliche Frauen geben öfters *Frau Holle* als ihr Lieblingsmärchen an.[3] Darin gerät ein arbeitsames Mädchen, das seiner Stiefmutter nichts recht machen kann, in die Unterwelt zu Frau Holle. Sie tritt in deren Dienste und arbeitet so fleißig, dass sie bei ihrer Rückkehr in die obere Welt durch einen Goldregen belohnt wird, der auf sie niederfällt. Die Aussicht, für unentwegtes Zupacken, Verrichten aller anstehenden Arbeiten und williges Dienen reichlich entschädigt zu werden, ist verlockend, besonders nachdem man zuvor stiefmütterlich behandelt wurde. Auch viele Überverantwortliche hegen die Hoffnung auf reichen Lohn, ohne dass sie ihre Ansprüche anmelden oder über ihre Erwartungen reden.

Wie ein erster Schritt in Richtung Unabhängigkeit aussehen kann, zeigt das folgende Beispiel einer jungen Frau:

Goldmarie findet einen Ausweg

Nach meiner Berufsausbildung trat ich eine Praktikumsstelle an. Zum ersten Mal in meinem Leben wohnte und arbeitete ich in einer fremden Stadt. Ich war mit dem Leid alter Leute in einem Pflegeheim konfrontiert und mit deren Gefühl, unwert, abgeschoben und vergessen zu sein.

Vom Elternhaus, der Schule und früheren Arbeitgebern her war ich es gewohnt, mir gestellte Aufgaben zur Zufriedenheit aller zu erledigen; ich war auch noch nie an eigene Leistungsgrenzen gestoßen. In meinem unbedingten Wunsch, alles gut zu machen, überforderte ich mich derart, dass ich einen Zusammenbruch erlitt.

Viele Jahre später stieß ich durch Zufall auf das Märchen *Frau Holle*, sinnierte lange über die Moral der Geschichte und fragte mich, ob das Vorbild Goldmarie etwas mit mir zu tun haben könnte, vor allem zu der Zeit, als ich in diese tiefe Depression stürzte.

In einer Phantasiereise versetzte ich mich in das Mädchen auf dem Brunnenrand. Die Spindel war mir in den Brunnen gefallen. Die Stiefmutter hatte mir befohlen, in diesen Brunnen zu springen. Ich schaute in das tiefe, dunkle Loch, und plötzlich wusste ich: »Es gibt eine viel einfachere Lösung; ich stelle für mich selbst eine neue Spindel her.« (Tatsächlich habe ich als Schülerin im Werkunterricht einmal eine solche Spindel gemacht.)

Diese junge Frau löst das Problem auf verblüffende Weise. Sie hält inne und fragt sich: Muss ich mein Leben aufs Spiel setzen? Darf ich Nein sagen, darf ich selber überlegen, eigene Ideen entwickeln? Sie besinnt sich auf ihre eigenen Kräfte und wird unabhängig von unmenschlich harten Forderungen, die ihr schaden.

Verdeckte Aggressionen

Überverantwortliche Menschen fühlen sich mit der Zeit ausgelaugt. Deshalb sind sie oft unzufrieden und gereizt, nörgeln herum und machen ihrer Umgebung Vorwürfe. Sie sind enttäuscht darüber, dass sie selber nicht umsorgt und anerkannt werden, wie sie es sich heimlich erhoffen. Sie geben ständig mehr, als sie bekommen, und sehen mit Neid, wie andere sich ihr Leben bequemer einrichten. Missgunst und Eifersucht werden jedoch zurückgehalten. Ärger staut sich auf, und es kann der Moment kommen, wo die langmütigen Überverantwortlichen explodieren. Ein geringfügiger Anlass bringt das Fass zum Überlaufen:
Der sonst einfühlsame Vater herrscht plötzlich sein kleines Kind an, weil es den Löffel nicht richtig handhabt. Oder die gewährende Mutter schickt ihren Vierjährigen ins Bett, weil er mit schmutzigen Stiefeln in die Küche gelaufen kommt.
Auch der tüchtige Roland lässt zu Hause seinen Aggressionen freien Lauf.

Meine Frau macht alles falsch

Roland arbeitet bald nach seinem Herzinfarkt so viel wie zuvor. Gelegentlich spürt er zwar wieder seine altbekannten stechenden Schmerzen, auch hat er Atemnot bei kaltem Wetter. Wenn er abends erschöpft nach Hause kommt, ist er oft in gereizter Stimmung. Dann nörgelt er an seiner Frau herum: »Wohin hast du meine Lesebrille verlegt? Dieses Fleisch, wie lang hast du es gebraten? Es ist so zäh wie eine Schuhsohle. Hier stinkt's nach Zwiebeln. Weshalb trägst du diesen Pullover? Du weißt doch, dass die Farbe mir nicht gefällt.«

Je mehr Lasten Roland sich aufbürdet, desto unausstehlicher wird er für seine nächste Umgebung.
Vor allem die Familie spürt die Folgen der ständigen Überforderung: Lastesel lassen zu Hause sämtliche Bürden fallen; Sorgenspinnen verlieren die Beherrschung. Die Angehörigen müssen als Sündenböcke und Blitzableiter herhalten für Aggressionen, die eigentlich andern gelten. Weil bei solchen Ausbrüchen die gestaute Ladung von früheren Anlässen durchbricht, kommt sich der harmlose Auslöser vor, als ob er unvermittelt auf eine Tellermine getreten wäre. Er sieht den Zusammenhang zwischen dem, was er gesagt oder getan hat, und der Reaktion nicht. Der zornige Partner ist jedoch überzeugt, dass der andere ihn dazu gebracht hat zu explodieren. Zu erwähnen ist, dass nicht nur Überverantwortliche ihre Nächsten als Blitzableiter benützen.

Die heimlichen Triebfedern der Überverantwortlichkeit

Was bewegt die Sorgenspinne und den Lastesel?

Im vorigen Kapitel haben wir Überverantwortlichkeit von außen betrachtet. Nun wollen wir uns mit dem beschäftigen, was unter der Oberfläche liegt: den inneren Triebfedern für das Verhalten von Sorgenspinne und Lastesel. Stellen wir uns ein durchsichtiges Zifferblatt vor, auf dem die Zeiger wandern, und wir erblicken darunter das Räderwerk, das sich emsig bewegt.

Schuldgefühle

Stellen wir uns vor, wir halten das Räderwerk für einen Moment an. Praktisch heißt das: Wir laden die überbesorgte Mutter oder den ständig verfügbaren Pfarrer zu einem Experiment ein:

»Stell dir vor, dein Kind oder ein Gemeindemitglied bittet dich um einen Gefallen. Eigentlich bist du in Zeitnot. Gewohnheitsmäßig würdest du sofort Ja sagen. Warte jetzt eine Minute, ohne zu reagieren. Was geht in dir vor?« Eine mögliche Antwort könnte sein: »Ich muss doch« oder: »Das gehört zu meinen Aufgaben«. Wir geben uns damit nicht zufrieden: »Musst du wirklich?« Eine zweite Antwort könnte sein: »Ich lasse mein Kind/meine Schäfchen doch nicht im Stich.« »Und wenn du sie nur einmal im Stich lassen würdest?« »Dann hätte ich ein schlechtes Gewissen.«

Schuldgefühle sind eine wichtige Triebfeder für Überverantwortlichkeit. Sie liegen nicht offen zutage und sind der/dem Betreffenden selbst nicht ohne weiteres zugänglich. Wir müssen das Räderwerk anhalten, eine Pause einlegen und uns durch die auftauchenden Rechtfertigungen zum verborgenen Thema hintasten.

Schuldgefühle sind oft eine wichtige Triebfeder.

Wir alle haben ab und zu ein schlechtes Gewissen oder eben Schuldgefühle, weil wir etwas getan oder unterlassen haben, und wir möchten unsere Schuld ausgleichen. Überverantwortliche leiden besonders schnell unter Schuldgefühlen. Diese sind meistens dem Anlass nicht angemessen. Sie sind überhöht. Insgeheim fühlen sich Überverantwortliche immer irgendwie schuldig. Ohne dass es ihnen bewusst

ist, müssen sie fortwährend etwas tun, um Schuldgefühle zu beschwichtigen. Womit hängt das zusammen? Oft haben Überverantwortliche schon als Kind Schuldenlasten übernommen, die nicht zu ihnen gehörten. Unerwünschte Kinder, Kinder mit behinderten Geschwistern oder auch Scheidungskinder meinen fast immer, ihretwegen seien die Eltern unglücklich, der Bruder/die Schwester nicht in Ordnung, die Ehe der Eltern zerbrochen.
Solche belastende Themen können in Familien über Generationen wirksam sein und bei den Nachkommen Schuldgefühle auslösen, vor allem, wenn nicht darüber gesprochen wird. Ein Vergehen, ein Konkurs, eine außereheliche Geburt leben unausgesprochen in vagen Schuldgefühlen bei den Nachkommen weiter. Dazu einige Beispiele:

Beinahe habe ich meine Mutter umgebracht

Davids Mutter wäre bei seiner Geburt fast gestorben. Danach war sie wochenlang sehr schwach. David wurde von einer Kinderschwester gepflegt. Später wurde ihm lachend erzählt, dass eine Nachbarin gefragt habe, ob jemand in der Familie krank sei, weil eine Schwester aus und ein gehe. Das Baby war so still und angepasst, dass es kaum bemerkt wurde.

David übernimmt einen Berg von Schuld. Es ist offensichtlich, dass er während seiner Geburt außerstande war, etwas zum Tod oder zum Überleben seiner Mutter beizutragen. Die Schuld wurde ihm von außen zugeschoben. Er hat dies seit seiner Geburt gespürt. Die Schuldgefühle sind zu einem Teil seiner selbst geworden. Zeitlebens versuchte er, mit Bravsein gutzumachen, dass er beinahe den Tod seiner Mutter verursacht hätte. Dass er selbst auch fast gestorben wäre bei der Geburt, entdeckte er erst als Erwachsener.
Solche Schuldgefühle sind völlig überhöht und irrational. Ein Baby kann keine Verantwortung für seine Mutter übernehmen. David hätte selbst Hilfe gebraucht.

Beinahe habe ich meinem Bruder ein Auge zerstört

Ernst hat einen älteren Bruder, der ihn als Kind bis aufs Blut quälte und neckte. Einmal, als sie miteinander Schuhe putzten, wurde Ernst so wütend über die Hänseleien, dass er mit der Bürste nach dem Bruder warf. Er traf ihn derart unglücklich nahe beim Auge, dass der Arzt die Wunde nähen musste. Ernst wurde gescholten und bekam zu hören, dass seine böse Tat den Bruder beinahe das Augenlicht gekostet hätte. Er fühlt sich seither bei jeder Anwandlung von Wut schuldig und versucht, mit besonderer Fürsorglichkeit sein schlechtes Gewissen zu beruhigen.

Offenbar hatte der kleine Ernst so viel unausgedrückte Wut auf seinen Bruder angesammelt, dass er sich eines Tages nicht mehr zusammennehmen konnte und explodierte. Welchen Schluss zieht der kleine Bub daraus? Wut ist unerlaubt, Wut ist destruktiv, Wut kann verletzen und töten. Auch bei Ernst haben sich Schuldgefühle entwickelt, die unverhältnismäßig und irrational sind. Dass sein Bruder ihn geplagt und gequält hat, dass seine angestaute Wut von damals verständlich ist, fällt für ihn nicht ins Gewicht.

Ich hätte es merken sollen

Helgas Mann hat unterschlagen und ist zu einer Gefängnisstrafe verurteilt worden. Helga wird von unerträglichen Schuldgefühlen geplagt, so, als hätte sie selber unterschlagen. Sie macht sich Vorwürfe, weil sie nichts gemerkt hat. Ihr Verhalten in freundschaftlichen Beziehungen hat sich stark verändert: Sie passt sich überall an, äußert keine eigene Meinung mehr. Jedes Durchsetzungsvermögen ist ihr abhanden gekommen.

Helgas Mann hat ohne ihr Wissen gehandelt. Von außen gesehen trifft sie kein Verschulden. Sie verhält sich aber, als ob sie für eine kaum gutzumachende Schuld büßen müsste. Später erfährt sie, dass ein Großonkel von ihr als junger Mann nach Amerika abgeschoben wurde, weil er einen Diebstahl begangen hatte. Jetzt erst kann sie einen Zusammenhang sehen zwischen dem Vergehen ihres Mannes und ihren Schuldgefühlen: In ihrer Familie war der Diebstahl ihres Großonkels totgeschwiegen worden. Das Familiengeheimnis wirkte sich in den nächsten Generationen in Form von unerklärlichen Schuldgefühlen aus.

Als Deutsche bin ich schuldig

Ich bin mit meiner deutschen Freundin unterwegs in Israel. Ein Polizist fährt uns wegen einer Kleinigkeit barsch an. Ich begehre auf und sage zu ihm: »Ich bin als Touristin da und möchte anständig behandelt werden.« Meine Freundin bleibt stumm. Ich frage nach dem Grund. Ihre Antwort: »Du als Schweizerin kannst dir das leisten.«

Meine Freundin war drei Jahre alt, als der Zweite Weltkrieg ausbrach. Objektiv gesehen trifft sie keinerlei Verantwortung. Dennoch hat sie das Gefühl, wegen ihrer Nationalität schuldig zu sein und sich nicht wehren zu dürfen.

Eine Form von Schuldgefühlen erfahren wir in unserer therapeutischen Arbeit als ganz besonders schwer wiegend: das Gefühl der Überlebensschuld. In Volksgruppen, die verfolgt und zum Teil vernichtet wurden, gibt es Menschen, die überlebt haben, und andere, die umgekommen sind. Die Frage »Weshalb lebe ich und weshalb sind meine nächsten Angehörigen umgekommen?« kann Menschen das Gefühl geben, sie müssten ihr Leben lang wieder gutmachen, Abbitte leisten für die Tatsache, dass sie am Leben geblieben sind. Eine innere Stimme sagt: »Womit hast ausgerechnet du es verdient, gut zu leben und ausreichend essen zu können? Du musst wieder gutmachen, was du dein Leben lang nie wirst gutmachen können.«

Überverantwortliche, die unbewusst eine familiäre oder kollektive Schuld mit sich tragen, übernehmen fortwährend weitere Lasten aus ihrer Umgebung in der Hoffnung, ihre vermeintliche Schuldenlast abtragen zu können. Eine Sisyphusarbeit, die nicht selten zum Zusammenbruch führt. Trotz aller Anstrengung kann die irreale Schuld nicht gelöscht werden. Sisyphus erlangt keine Vergebung und findet keinen inneren Frieden. Er wird zudem schuldig an sich selber, indem er seine Wachstumsmöglichkeiten nicht wahrnimmt.

Angst

Gehen wir einer weiteren Triebfeder nach. Fragen wir Brigitt, die sich den sexuellen Wünschen ihres Ehemannes jederzeit fügt: »Was würde passieren, wenn du Max einmal Nein sagtest?« Brigitt kann verschiedene Antworten geben: »Max könnte wütend werden. Er könnte sich verletzt zurückziehen. Er könnte mich schlagen oder vergewaltigen. Er könnte zu einer andern Frau gehen.« Fragen wir weiter: »Was für ein Gefühl löst die Vorstellung bei dir aus?« Brigitt gibt hier nur eine Antwort: »Ich habe Angst.«

Angst ist eine zweite Triebfeder für Überverantwortlichkeit. Angst hat einen andern Charakter als Schuld. Schuld hat mehr mit Druck zu tun, Angst mit Enge. Wir sprechen von drückenden Schuldgefühlen und von beklemmender Angst. Beide haben graduelle Abstufungen.

Übertriebene Ängste haben ihre Wurzeln in der eigenen Lebensgeschichte.

Schuldgefühle und Angst können bei einem überverantwortlichen Menschen gleichzeitig vorhanden sein. Meist überwiegt das eine oder das andere. Irrationale, schwer fassbare Ängste treiben Menschen an, andere retten zu wollen, und bewirken, dass sie sich übermäßig Sorgen um ihre Mitmenschen machen. Scheinbare Nichtigkeiten können übermäßige Ängste auslösen. Die Gründe für die erhöhte Angstbereitschaft sind unbewusst. Sie wurzeln in der eigenen Kindheit oder in der Familiengeschichte.

Überverantwortliche, deren Triebfeder hauptsächlich Angst ist, können diese schon sehr früh, bereits im Mutterleib, erworben haben. Wenn die Mutter oder die Eltern zum Beispiel daran denken, ihr Kind abzutreiben, oder einen Ab-

treibungsversuch machen, nimmt das Ungeborene die Bedrohung wahr. Falls es überlebt, wird es später, ohne zu wissen, warum, schnell Vernichtungsängste haben und mit Panik reagieren.
Bedrohliche Erfahrungen wie schwere Erkrankungen und Operationen, sexueller Missbrauch, Brutalität und Gewalt können dieselbe Wirkung haben; ebenso die Erfahrung, verlassen zu werden. Es kann aber auch sein, dass Ängste in den Generationen zuvor eine große Rolle in der Familie gespielt haben, die nun untergründig weiterwirken. Manche Kinder sind aufgrund ihrer Konstitution besonders durchlässig für die Ängste anderer und reagieren daher selber rasch mit Angst.
Die folgenden Beispiele verdeutlichen, wie Ängste aus der Kindheit das Verhalten Erwachsener beeinflussen.

Ich fürchte, ich könnte meine Kinder verlieren
Patrick hat panische Angst, seine Kinder könnten schwer erkranken oder einen Unfall erleiden.

Seine Mutter hatte während der ganzen Schwangerschaft große Angst um ihren schwer kranken Mann. Er starb kurz nach Patricks Geburt. Es ist anzunehmen, dass die Mutter Angst hatte, nach ihrem Mann auch noch den Sohn zu verlieren. Patricks Angstbereitschaft und seine Neigung zum Überbehüten der Kinder sind wahrscheinlich darauf zurückzuführen.

Ich fürchte, meine Frau könnte sich das Leben nehmen
Wenn Samuels Frau deprimiert ist, befürchtet er sofort, sie könnte sich etwas antun. Er verdoppelt dann seine Fürsorge und hilft ihr, wo er kann.

Samuels Mutter war depressiv. Häufig drohte sie mit Selbstmord drohte. Er hatte große Angst um sie. Einige Male hielt er sie davon ab, ins Wasser zu gehen.

Ich fürchte, wir schaffen es nicht
Eva hat immer wieder panische Ängste, ihr Mann und sie könnten

ihren finanziellen Verpflichtungen nicht nachkommen. Sie überarbeitet sich fortwährend, um diese Angst zu beschwichtigen.

Ihre Eltern wurden im Zweiten Weltkrieg ausgebombt und mussten hart um ihr materielles Überleben kämpfen.

Um mit existentiellen Ängsten leben zu können, muss ein Kind lernen, sie ein Stück weit zu bewältigen. Es muss etwas tun, um ihnen nicht ausgeliefert zu sein. Übermäßig Verantwortung auf sich zu nehmen ist eine Möglichkeit, die dem Kind erlaubt, die Beziehung zu den Eltern aufrechtzuerhalten. Es muss nicht befürchten, verlassen zu werden, weil es ja gebraucht wird.
Überverantwortliche Erwachsene lernen schon als Kinder

- sich durch Helfen und Der-Familie-Beistehen unentbehrlich zu machen,
- pflegeleicht zu sein, nirgends anzuecken,
- die Familie aufzuheitern, indem sie stets »Sonnenschein spielen«.

Die tief verwurzelten Ängste lassen sich durch diese Bewältigungsstrategien nicht ganz auflösen. Sie bleiben wirksam und prägen die Beziehungen noch im Erwachsenenalter. Dabei ist Überverantwortlichkeit nicht die einzige Möglichkeit, um mit übermäßigen Schuldgefühlen oder Ängsten umzugehen, seien diese von früheren Generationen übernommen oder Teil der persönlichen Lebensgeschichte. Andere Möglichkeiten wären zum Beispiel psychosomatische Störungen oder Depressionen. Möglicherweise sind es besonders sensible, für soziale Zusammenhänge empfängliche Menschen, die diese Reaktionsform der Überverantwortlichkeit wählen.

Geringes Selbstwertgefühl

Eine weitere wichtige Triebfeder für überverantwortliches Handeln ist ein geringes Selbstwertgefühl. Dies ist oft nicht ohne weiteres ersichtlich. Menschen, die sich überlasten und für andere aufopfern, können durchaus selbstsicher wirken. Die Unsicherheit tritt aber zutage, sobald das Räderwerk der ständigen Betriebsamkeit angehalten wird. Es gibt Lebenssituationen, die den gewohnten Ablauf unterbrechen. Sie können Überverantwortliche völlig aus der Bahn werfen und ihrem Selbstwertgefühl einen unerträglichen Stoß versetzen: Ein Unternehmer hat kaum mehr Aufträge oder geht in Konkurs, ein Pfarrer erkrankt oder hat einen Unfall und muss sich umschulen lassen. Die neue Tätigkeit genießt weniger Ansehen. Auch wenn Beziehungen zerbrechen, die Kinder ausfliegen, die Pensionierung da ist, wird das Selbstwertgefühl oft schwer erschüttert. Jetzt stellt sich die Frage: Was will ich nun mit mir anfangen? Was bin ich noch wert?

»Ich werde nicht geliebt für das, was ich bin, sondern nur für das, was ich tue.«

Überverantwortliche müssen etwas tun, um von außen Bestätigung zu erhalten. In ihren Augen sind sie nichts wert, wenn sie nicht gebraucht werden. Sie sind wie ein Topf mit einem Loch: Es kann noch so viel Anerkennung »hineingeschüttet« werden, er wird nie voll.

Dahinter steht die tiefe Überzeugung: »Ich werde nicht geliebt für das, was ich bin, sondern nur für das, was ich tue. Deshalb muss ich perfekt sein und darf keine Schwächen zeigen.« Dieses Ziel ist irreal, die Bemühung darum ist wiederum eine Sisyphusarbeit.

Greifen wir zwei Beispiele aus Kapitel 1 auf, in denen der Mangel an Selbstwert zum Ausdruck kommt:

Ich stelle keine Ansprüche

Doris, die das kleinste Zimmer für sich selbst gut genug findet, getraut sich nicht, größere Ansprüche zu stellen aus dem Gefühl heraus, dass ihr das nicht zusteht. Sie lässt sich ausnützen, ohne es zu merken, denn sie bezahlt die Hälfte der Miete.

Meine Hausarbeit ist weniger wert als dein Studium

Daniels Mutter entwertet sich selbst, indem sie sein Studium deutlich höher stellt als ihre Hausfrauenarbeit. Sie wagt nicht, von ihrem Sohn angemessene Mithilfe zu verlangen, da er ja so viel »Wichtigeres« zu tun hat.

Ein besonders krasses Beispiel ist das folgende:

Ich darf nicht protestieren

Ines weiß, dass ihr Mann eine Beziehung zu einer andern Frau unterhält, mit der er regelmäßig in die Ferien fährt. Jedes Mal, wenn er abreist, bringt Ines ihn mit dem Auto zum Bahnhof.

Ines fühlt sich so minderwertig und unterlegen, dass sie nicht wagt, ihrem Mann diesen Dienst zu verweigern. Sie spürt nicht, wie würdelos ihr Verhalten ist und wie sehr sie sich dadurch selbst entwertet.

Die Entstehungsgeschichte der Überverantwortlichkeit

Wie wird man zu einer Sorgenspinne oder einem Lastesel?

Wie wird nun ein Mensch zu einer Sorgenspinne oder einem Lastesel? Im ersten Kapitel haben wir erwähnt, dass die für Sorgenspinne und Lastesel bezeichnenden Verhaltensmuster den Menschen wie eine zweite Haut umschließen. Das bedeutet, dass niemand als Sorgenspinne oder Lastesel zur Welt kommt. Wie also wird man dazu?
Es braucht ein Zusammenwirken von verschiedenen Elementen: Sie liegen einerseits in der Wesensart eines Menschen, anderseits in der Umgebung, die er vorfindet. Wir gehen davon aus, dass die Bedingungen für das Entstehen von Überverantwortlichkeit sehr früh im Leben wirksam werden, oft schon vor der Geburt, wenn beispielsweise ein Kind gewünscht wird, um eine innere Leere zu füllen. Dann hat das werdende Kind den Auftrag, etwas für die Eltern zu tun. Die Erlaubnis, man selbst sein zu dürfen als das einzig-

artige Wesen, das man ist, wird von Anfang an eingeschränkt. Je nach Wesensart antwortet das Kind. Es kann den Auftrag annehmen, es kann aber auch dagegen rebellieren.

Innere Bereitschaft des Kindes

Wer Kinder beobachtet, sieht, dass sie sich vom ersten Lebenstag an unterschiedlich verhalten. Besonders deutlich wird dies bei Geschwistern und ihren Reaktionen auf dasselbe Ereignis in der Familie.
Ein Vater erleidet beispielsweise einen Verkehrsunfall. Ein längerer Krankenhausaufenthalt ist die Folge. Von mehreren Kindern wird eines besonders deutlich die Stimmungen der Mutter, ihre Ängste und ihre Traurigkeit spüren. Es verhält sich möglichst lieb und angepasst. Ein anderes Kind bleibt scheinbar unberührt und tut, wie wenn nichts geschehen wäre. Ein weiteres Geschwister reagiert vielleicht mit Schulleistungsstörungen oder mit Bettnässen, Bauchweh, Einschlafschwierigkeiten.
Wie die Bereitschaft eines sensiblen Kindes zur Überverantwortlichkeit und die äußeren Bedingungen aufeinander einwirken, lässt sich nicht genau vorhersagen. Sicher neigt ein empfindsames Kind eher zur Überverantwortlichkeit. Schwerwiegende Erfahrungen bringen fast jedes Kind dazu, übermäßige Lasten für seine Familie zu tragen. Kinder haben feine Antennen für das Leiden in ihren Familien. Sie ziehen innerlich manchmal den Schluss, dass sie ihren Eltern am besten helfen, indem sie ihre eigenen Bedürfnisse opfern und sich pflegeleicht machen. Sie versuchen, die offenen und geheimen Wünsche der Eltern zu erfüllen. Man

könnte sagen, dass dieses Angebot ein Geschenk aus Liebe ist, das die Eltern aber nicht annehmen dürften. Nur – wie viele Eltern sind nicht untergründig bedürftig und liebeshungrig und nehmen deswegen von ihrem Kind an, was sie anderswo nicht bekommen können? Oft ohne es zu merken? Dann entsteht ein Teufelskreis, der dem Kind schadet und den Eltern nicht wirklich gibt, was sie brauchen.
Die Bereitschaft, sich für die elterlichen Bedürfnisse aufzuopfern, kommt im folgenden Traum eines Kindes zum Ausdruck:

Ich befinde mich im Himmel, noch nicht geboren. Es ist keine heitere Atmosphäre, alles erscheint grau. Ich blicke auf die Erde hinunter. Die Kinder sollen unter ihre zukünftigen Eltern verteilt werden. Unten auf der Erde sehe ich ein Paar, das bemitleidenswert aussieht. Ich erkenne meine zukünftigen Eltern. Ich höre eine Stimme: »Wer will auf die Erde und diesen beiden helfen?« Ohne zu zögern, melde ich mich.

Rahel bereitete ihren Eltern als Kind keine Schwierigkeiten. Sie versuchte, allen Erwartungen nachzukommen. Nur: Mutter und Vater erwarteten Unterschiedliches. Die Aufgabe, die sie übernommen hatte, überstieg ihre Kräfte bei weitem. Für jedes Kind wäre sie unlösbar. Bei Rahel bewirkte diese Überforderung eine große innere Zerrissenheit. Schon in jungen Jahren hatte sie das Gefühl, im tiefsten Inneren sei bei ihr etwas nicht in Ordnung.
Ganz ähnlich nimmt sich die Phantasie einer erwachsenen Frau über ihre Zeugung aus, als sie begann, sich mit ihrer Kindheit zu beschäftigen.

Ich bin die Brücke, auf der meine Eltern sich begegnen können
Ich sitze auf einem Wölkchen und sehe meinen Eltern zu, wie sie Liebe machen. Aber eben: Es ist kein richtiges »Liebe-Machen«, es stockt und klemmt zwischen ihnen. Ich habe Mitgefühl mit dem Paar und denke: Diese schöne junge Frau und dieser attraktive, vitale Mann, sie bräuchten Hilfe, jemand müsste für sie eine Brücke bauen.

Kaum habe ich diesen Gedanken gefasst, fühle ich mich wie durch einen mächtigen Sog in die materielle Existenz gezwungen.

Die Frau spürte als Kind die sexuelle Not ihrer Eltern und versuchte, sie zu entschädigen, indem sie ihnen Freude machte und der Sonnenschein in der Familie war.

Elterliche Erwartungen

Bestimmte familiäre Umstände laden ein Kind ganz besonders dazu ein, mehr Verantwortung auf sich zu nehmen, als es tragen kann. Insbesondere folgende elterliche Erwartungen begünstigen das Entstehen von Überverantwortlichkeit:

Wir wissen, wie unser Kind sein soll

Eltern knüpfen schon vor der Geburt die verschiedensten Hoffnungen und Erwartungen an ihr Kind. Je mehr sich das Kind von den Erwartungen seiner Eltern unterscheidet, je irrealer die Hoffnungen der Eltern sind, desto größer wird ihre Enttäuschung sein. Das Kind spürt die Gefühle seiner Eltern, auch wenn diese sie nicht aussprechen oder sich Mühe geben, sie zu verbergen. Es entwickelt das Gefühl »So, wie ich bin, bin ich nicht in Ordnung«. Ein überverantwortliches Kind wird sich anstrengen, um die Anerkennung und Zuwendung seiner Eltern zu gewinnen. Besonders tief greifende Enttäuschungen für die Eltern sind

- eine Behinderung,
- nicht das erwünschte Geschlecht,
- ein anderes als das erhoffte Aussehen.

Ohne Kind fühle ich mich leer

Emotional bedürftige Eltern, die nicht in der Lage sind, sich gegenseitig Wärme und Geborgenheit zu geben, sehnen sich in der Hoffnung auf Erfüllung Kinder herbei. Oft nehmen sie alle medizinischen Möglichkeiten dafür in Anspruch. Das feinfühlige Kind spürt den verborgenen Auftrag, die quälende innere Leere seiner Eltern zu erfüllen.
In einigen Märchen wünscht sich ein Elternpaar dringend ein Kind. Oft dauert es lange, bis ihr Wunsch sich erfüllt. Und das Kind? Unter der Last elterlicher Erwartungen kommt es als Igel oder Eselein zur Welt. Ein langer Weg ist nötig, bis die verzauberten Kinder erlöst werden und zu ihrer eigentlichen Gestalt finden.

Ein Kind wird unsere Beziehung retten

Paare, die in einer brüchigen Verbindung leben, wünschen sich oft ein Kind in der Hoffnung, die Beziehung dadurch kitten zu können. Die Botschaft an das Kind lautet: Du bist verantwortlich dafür, dass wir nicht auseinander gehen. Viele Kinder mühen sich unendlich, diesen Auftrag zu erfüllen; umso mehr, als es ihr eigener tiefster Wunsch ist, dass die Eltern zusammenbleiben.

Ein Elternteil fehlt

Wenn die Eltern getrennt oder geschieden sind, Vater oder Mutter gestorben, schwer krank oder abwesend sind, wird oft eines der Kinder versuchen, den fehlenden Partner/die Partnerin zu ersetzen.

Ersatz für ein verstorbenes Kind

Eine besondere Situation liegt vor, wenn ein Kind ein verstorbenes Brüderchen oder Schwesterchen ersetzen soll. Unter Umständen wird es sogar in dieser Absicht gezeugt und erhält denselben Namen. Es versucht, den Auftrag zu erfüllen und die Eltern über ihren Schmerz hinweg zu trösten. Das Leben als Ersatzkind ist jedoch verwirrend. Wer ist es wirklich?

Die Kraft für ein Kind fehlt

Unerwünschte Schwangerschaft, kranke oder behinderte Familienmitglieder, Scheidung der Eltern, Tod eines Familienmitgliedes, schwierige finanzielle Verhältnisse, Suchtprobleme bewirken eine angespannte Familienatmosphäre mit überforderten Eltern. Sie sind nicht imstande, dem kleinen Kind zu geben, was es braucht. Dazu ein Beispiel:

Moritz hat mehrere Geschwister. Er wurde als Nachzügler geboren, nachdem seiner Mutter aus medizinischen Gründen strikt von einer weiteren Schwangerschaft abgeraten worden war. Die Eltern entschieden sich für das Leben des Kindes, obwohl ihre Kräfte für die zusätzliche Aufgabe nicht ausreichten.

Moritz war von Anfang an ein zufriedener, pflegeleichter Junge. Er lernte sich anzupassen, nicht aber, einen eigenen Standpunkt einzunehmen. Als Ehemann und Vater ließ er sich später vereinnahmen, bis er sich zu fragen begann: Wer bin ich selbst eigentlich?

Bei uns gibt es keinen Streit

Familien mit diesem Leitmotiv legen höchsten Wert auf Übereinstimmung. Vor Aggressionen, Konflikten oder Auseinandersetzungen besteht eine untergründige Angst, deshalb dürfen sie nicht ausgetragen werden. Die soziale Kom-

petenz in diesen Familien ist hoch, die Hilfsbereitschaft gegen außen (Nachbarschaft/Gemeinde) und innen (gegenseitige Unterstützung) groß. Die Folge: Überforderung, weil das Abgrenzen gegen Appelle um Hilfe von außen und innen schwer fällt.
Ein Kind, das in einer solchen Familie aufwächst, wird Mühe haben, echte Hilfsbereitschaft von übertriebener Fürsorglichkeit zu unterscheiden. Es gewöhnt sich daran, auf jeden Hilferuf einzugehen, ohne Rücksicht auf die eigenen Kräfte und Möglichkeiten.

Das überverantwortliche Kind

Für sein Überleben ist ein Kind auf die Zuwendung seiner Eltern existentiell angewiesen. Wenn diese nicht von selbst kommt, muss es sich darum bemühen. Dabei wird es sich an den Erwartungen seiner Eltern orientieren. Es lernt, sich zurückzunehmen und auf einen Teil seiner Bedürfnisse zu verzichten, passt sich an und opfert seine Eigenständigkeit. Nein-Sagen, sich unterscheiden von dem, was von ihm erwartet wird, erlaubt es sich nicht. Lieb und brav sein ist oberstes Gebot. Danach richtet sich das überverantwortliche Kind:

Ich muss lieb sein
Damit die Mutter nicht
krank wird
einen Herzanfall oder Kopfschmerzen bekommt
Drogen braucht
unzufrieden oder traurig ist

Damit der Vater
nicht schimpft

keinen Wutanfall bekommt
sich nicht betrinkt
die Mutter nicht verprügelt
nicht zur Freundin geht

damit die Eltern
mich gern haben
mich nicht verlassen
nicht streiten
sich nicht trennen
sich nicht scheiden lassen

damit niemand sich umbringt

Wenn Erwachsene sich an ihre Kindheit zurückerinnern und sich fragen, welche Rolle sie in der Familie übernommen haben, bekommt man oft zu hören: Ich war der Sonnenschein, der Tanzbär, der Blitzableiter, Mamas Trostspenderin, Papas ganzer Stolz, sein Spielzeug. (Die schlimmste Form des Missbrauchs als Spielzeug ist erotisch gefärbt oder mit sexuellen Übergriffen verbunden.)

Wie anstrengend es für ein Kind sein kann, Verantwortung zu übernehmen, die seinem Alter nicht entspricht, stellt der 10-jährige Hartmut während einer Familiensitzung dar. Er steht mit weit ausgebreiteten Armen zwischen seinen Eltern. Im Versuch, sie zu verbinden, wirkt er wie gekreuzigt.

Das überverantwortliche Kind müht sich ab, seinen Eltern zu geben, was sie brauchen. In den folgenden Beispielen versuchen zwei verständige Kinder, ihren Eltern die fehlenden Partner zu ersetzen.

Thomas, 10 Jahre, lebt zusammen mit seiner allein erziehenden Mutter. Die Mutter arbeitet und kommt oft sehr spät nach Hause. Sie findet dann meistens ein Brieflein vor, das ihr Thomas aufs Kopfkissen gelegt hat, oft auch Zeichnungen oder kleine Geschenke. Seiner jüngeren Schwester gegenüber benimmt sich Thomas wie ein Vater: Er mahnt sie, heimzukommen, wenn es Zeit ist, und tadelt sie bei Tisch, wenn sie nicht anständig isst.

Thomas übernimmt die Funktion eines Partners für seine Mutter und die des fehlenden Vaters für seine Schwester.

Julia, 9 Jahre, hängt sehr an ihrer Mutter. Wo immer die Mutter sich aufhält, was immer sie tut: Das Kind ist ständig zugegen. Es ist bereit, sie aufzuheitern, sobald sie müde oder verstimmt ist. Wenn sie einmal überdreht-fröhlich ist, macht Julia sie darauf aufmerksam, dass sie Schwierigkeiten überspielen könnte.

Julia hat sich zur Therapeutin ihrer Mutter gemacht. Als ihre »Betreuerin« fühlt sie sich wertvoll und unentbehrlich.
Überverantwortliche Kinder entwickeln außerordentlich feine Antennen für die Bedürfnisse von Menschen in ihrer Umgebung. Oft wählen sie später einen helfenden Beruf, wo sie ihr Einfühlungsvermögen wirksam einsetzen können.
Im Zusammenwirken von kindlicher Bereitschaft, elterlichen Erwartungen und familiärer Situation entsteht also die »zweite Haut«, wie wir die Überverantwortlichkeit genannt haben. Was ist der Preis für diese Anpassung? Überverantwortliche Kinder opfern einen Teil ihrer Lebendigkeit und Spontaneität. Eltern können jedoch einiges tun, um ihren Kindern zu helfen, nicht zu viel Verantwortung für die Familie zu übernehmen.

Wie Eltern ihre überverantwortlichen Kinder entlasten können

Kinder können sich nicht selbst aus dem Joch des einmal übernommenen Auftrags befreien. Sie empfinden es als unausweichlich und schicksalhaft, wie die Tagebuchnotiz eines jungen Mannes zeigt: »Hilfsbereit geboren. Ohne Widerrede.«

Wenn Eltern ihren Kindern behilflich sein wollen, ist es wichtig, dass sie sich darüber klar werden: Wo mute ich meinem Kind Verantwortung für Probleme zu, die ich selbst lösen muss? Lasse ich mich von ihm trösten und aufmuntern, wenn ich nicht mehr zurechtkomme?
Kinder brauchen Entlastung vom Gefühl, dass sie für ihre Eltern verantwortlich sind. Mit folgenden Worten können Eltern zum Beispiel ihren Kindern mitteilen, dass sie die Verantwortung selbst übernehmen:

- Du bist nicht schuld, wenn ich verstimmt und traurig bin. Es hat mit mir selber, nicht mit dir zu tun.
- Du kannst nichts dafür, dass ich überarbeitet und müde bin.
- Du bist nicht schuld, wenn wir Eltern uns streiten. Wir trennen uns nicht deinetwegen.
- Es ist meine Aufgabe, deine kleine Schwester zu ermahnen und zu erziehen. Du musst mir dabei nicht helfen; ich habe dich trotzdem gern.

Weiter braucht das überverantwortliche Kind Unterstützung darin, nicht immer »groß« und vernünftig sein zu müssen. Es soll seinem Alter entsprechend Verantwortung in der Familie übernehmen. Jedes Kind möchte aber auch ab und zu »klein« oder unartig sein dürfen, Gefühle wie Angst, Ärger und Unlust äußern können. So fühlt es sich angenommen als Ganzes, als das, was es mit seinen liebenswürdigen und den weniger erfreulichen Seiten ist.

Gesellschaftliche Faktoren

Die Entwicklung unserer modernen westlichen Gesellschaft hat Situationen geschaffen, die das Entstehen von Überverantwortlichkeit begünstigen.

Ein Faktor ist die Tendenz zur Klein- und Einelternfamilie. In der Kleinfamilie, wo nicht mehr als zwei Generationen zusammen wohnen und wo es meist nur eines oder zwei Kinder gibt, werden die Belastungen nicht mehr durch andere Erwachsene mitgetragen. In der Einelternfamilie hat das Kind nur eine Person, auf die es sich konstant beziehen kann. Die Abhängigkeit vergrößert sich, die Reibereien nehmen zu, weil keine Drittperson da ist, um auszugleichen.

Wir möchten auf keinen Fall allein erziehenden Müttern und Vätern die Fähigkeit absprechen, ihr(e) Kind(er) zu selbständigen Menschen zu erziehen. Die häufig vorhandene Überforderung durch Beruf, Kindererziehung, Haushalt sowie die oft hinzukommende Einsamkeit ohne Partner oder Partnerin können das Kind jedoch dazu bringen, unangemessen viel Verantwortung zu übernehmen, indem es sich möglichst anpasst und mithilft, die Sorgen zu tragen.

Ein zweiter gesellschaftlich bedingter Faktor ist die unterschiedliche Sozialisation von Jungen und Mädchen. Die Art und Weise, wie ein Kind – je nach Geschlecht – erzogen wird, hängt stark vom Herkunftsland der Eltern ab, ihrem religiösen Hintergrund und dem sozialen Umfeld. Es gibt zwar Eltern, die in ihrer Erziehung die Gleichberechtigung der Geschlechter anstreben. Es lässt sich aber nicht aus der Welt schaffen, dass Eltern oft trotz guter Absichten den Einflüssen ihrer eigenen Erziehung unterliegen.

Anfangs haben wir gesagt, Überverantwortlichkeit betreffe Männer und Frauen. Das stimmt, aber es ist doch so, dass Frauen häufiger und schneller in Überverantwortlichkeit geraten. Das hängt mit den gesellschaftlich verankerten Erwartungen zusammen. Bereits von einem kleinen Mädchen erwartet man, dass es fürsorglicher, angepasster und weniger aggressiv ist als ein Junge.

Frauen geraten häufiger und schneller in Überverantwortlichkeit als Männer.

Am besten zeigt sich dies beim Übergang in die Pubertät. Im Alter von zehn bis zwölf Jahren sind Mädchen im Allgemeinen noch ebenso draufgängerisch, selbstbewusst und bewegungsfreudig wie Jungen. Ihre Berufswünsche sind weit gefächert; sie umfassen auch technische und wissenschaftliche Bereiche. Im Lauf der Pubertät ändert sich das Verhalten junger Mädchen oft drastisch und unvermittelt: Viele Mädchen beginnen, sich fast ausschließlich gegen außen zu orientieren. Entscheidend wird für sie, was Gleichaltrige von ihnen halten. Durch die Medien werden sie in der Haltung bestärkt, sie müssten einem Idealbild entsprechen. Die Beziehung zum eigenen Körper wird überkritisch. Ängste und Selbstzweifel nehmen zu. Sie betrachten sich in erster Linie mit den Augen anderer und bemühen sich, den Erwartungen von außen zu genügen.
Später wünschen sich junge Frauen trotz eigener Karriere Familie und Kinder. Gute Ehepartnerin, Mutter, Hausfrau und Berufsfrau sein – dies alles unter einen Hut bringen zu wollen überfordert viele. Fast immer gehen sie Kompromisse ein in Bezug auf Unabhängigkeit und Eigenständigkeit. Sie geraten in übermäßigen Stress, weil sie nicht allen Anforderungen (von außen wie von innen) genügen können, sich aber unentwegt in die Bresche schlagen und das Unmögliche versuchen. Oft endet das Bemühen in einem körperlichen oder psychischen Zusammenbruch oder einer gedrückten Dauerstimmung und Erschöpfungsgefühlen.

Selbstverständlich gibt es im 20. Jahrhundert Möglichkeiten für völlig andere Lebensläufe für Frauen. Allerdings haben diese ihren Preis. Die Phase der Mutterschaft, wo das Kind im Vordergrund steht und die Mutter ihre eigenen Bedürfnisse zu seinen Gunsten zurückstellt, lässt sich kaum mit einer intensiven Beanspruchung durch Ausbildung oder Beruf vereinen.

Auch jüngere Männer, besonders wenn sie eine berufliche Karriere anstreben, sind mit ihren verschiedenen Rollen – Partner, Familienernährer, Vater und Berufsmensch – oft überfordert. Sie wollen ihr Bestes geben, möchten ein guter Partner und ein zärtlicher Vater sein und überfordern sich dabei hoffnungslos.

Strebt ein junges Paar eine gleichgewichtige Elternschaft an, unterscheidet sich die Reaktionsweise der Mutter oft von der des Vaters. Dazu ein Beispiel:

Ursula und Peter sind beschäftigt. Peter sitzt am PC, Ursula liest. Da schreit plötzlich ihr kleiner Sohn, der draußen spielt. Hat er sich wehgetan? Ursula springt auf und sieht sofort nach. Hinterher macht sie Peter Vorwürfe: »Immer muss ich rennen, wenn etwas los ist.« Peter verteidigt sich: »Du bist ja sofort losgerannt, ich hatte gar keine Zeit zu reagieren.«

Hat Ursula ein geschärftes Ohr für das Schreien ihres Kindes? Meint sie, dass sie als Mutter verpflichtet ist, sofort nachzusehen? Hat Peter nichts gehört? Weshalb rennt nicht er los? Was immer der Grund ist, dass die Szene sich auf diese Weise abspielte, das junge Paar könnte sich darüber absprechen, wer von ihnen jeweils zuständig ist für das Kind. Vielleicht stoßen die Partner auf Regeln, die sie aus ihrer Herkunftsfamilie mitgebracht haben und die sie ändern müssen, wenn sie als Eltern gemeinsam Verantwortung übernehmen wollen. Denn wie auch immer die Regelungen aussehen mögen: Die Phase der Familiengründung und des beruflichen Aufbaus wird kaum ein Paar ohne zeitweilige Überforderung überstehen. Wer von Kindheit an zu überverantwortlichem Verhalten neigt, wird in dieser Lebensphase Möglichkeiten zur Entspannung übersehen und im Gefühl von Überlastung stecken bleiben.

Katastrophen und Kriege

Als Beispiele seien angeführt: der Zweite Weltkrieg mit den Millionen von Opfern und dem Holocaust, die Eroberung und Besetzung von Tibet mit dem Schicksal der Flüchtlinge, die Kriege in Ex-Jugoslawien mit den ethnischen Säuberungen und den systematischen Vergewaltigungen von Frauen, die Massaker in Algerien usw. Die Dimension dieses Leidens können wir als nicht direkt Betroffene nicht ermessen. Als Psychotherapeutinnen kommen wir mit den tiefen seelischen Verletzungen von Überlebenden in Berührung. Im Versuch, diese Schuld abzutragen, geraten sie häufig in Selbstaufopferung und Überverantwortlichkeit in einem Ausmaß, das nur auf diesem Hintergrund zu verstehen ist. Es ist einleuchtend, dass derart schwer wiegende Ereignisse Kinder besonders beeinflussen. Auch ein Kind, das von Natur aus nicht übermäßig dazu neigen würde, kann in dieser Situation größere Lasten auf sich nehmen oder mehr in Angst und Sorge um andere geraten als unter normalen Umständen. Dazu ein Beispiel:

Uwe, ein Mann um die vierzig, mit starker Überverantwortlichkeit, hat folgende Kindheitsgeschichte: Er wurde in Ostdeutschland geboren, ein im Krieg gezeugtes Kind, dessen Vater an der Front war und nach kurzen Heimaturlauben die Familie jeweils wieder verlassen musste. Der Bub wurde in Abwesenheit des Vaters geboren; die ganze Schwangerschaft hindurch war die Mutter mit den drei älteren Geschwistern allein gewesen. Nach ihm kam noch ein Schwesterchen zur Welt; dann ging der Krieg zu Ende.

Die russische Armee näherte sich. Der Bub war drei Jahre alt, als sich die Familie mitten im Winter auf die Flucht begab, zu Fuß über das gefrorene Haff. Das Schwesterchen wurde getragen; der Dreijährige musste gehen, an beiden Händen von älteren Geschwistern gehalten. Sie durften nicht loslassen; in dem Gedränge von Fliehenden wäre die Familie sonst getrennt worden. Der Dreijährige musste die Beinchen heben – über Leichen von Erfrorenen hinweg musste er weiter – und weitermarschieren, bis ein Fuhrwerk sie auflud. Sie kamen in ein Auffanglager, wo das jüngere Schwesterchen erkrankte und starb. Der kleine Junge fühlte sich schuldig am Tod des Mädchens, weil die Mutter es ihm zum Hüten anvertraut hatte. Es dauerte ein paar Jahre, bis die Familie wieder vereint wurde.

Der Junge konnte mit niemandem über seine Erlebnisse sprechen. Er trug die Bürde ganz allein: dass er mit seinem Erscheinen die Last der Mutter vergrößert, auf der Flucht überlebt, aber das Schwesterchen nicht hatte retten können. Aus seinen Schuldgefühlen heraus war er bereit, in seinem Leben Lasten zu übernehmen, die zu groß für ihn waren und ihn fast erdrückten. Wie hätte sich der Junge ohne diese Kriegserlebnisse entwickelt? Wir können es nicht wissen.

Die Rolle des Körpers

Der Esel hat Rückenweh und die Sorgenspinne kann nicht schlafen

Körper und Seele sind aufs engste miteinander verflochten und wirken aufeinander ein. Jeder seelische Zustand drückt sich auch körperlich aus und umgekehrt erzeugen Körperempfindungen Gefühle verschiedenster Art. Nehmen wir als Beispiel »Spannung« auf der körperlichen wie auf der gefühlsmäßigen Ebene. Wir können freudig gespannt sein auf das Wiedersehen mit einem geliebten Menschen oder aber mit ängstlicher Spannung auf ein Prüfungsergebnis warten. In beiden Fällen nehmen wir die Spannung auch körperlich wahr: Wir haben Herzklopfen, die Muskeln spannen sich an, wir atmen oberflächlich. Haben wir dann den geliebten Menschen in die Arme geschlossen oder gute Noten erhalten, sind wir angenehm erleichtert und entspannen uns. Unsere Atmung vertieft sich, der Bauch atmet mit, der Puls verlangsamt sich, und die Muskelspannung löst sich. Vorfreude, Angst, Aufregung und Erleichterung sind unmittelbar verknüpft mit körperlichen Empfindungen.

In einem flexiblen Organismus wechseln Zustände von Spannung und Entspannung fortwährend im Rhythmus der Anforderungen von außen und der Bedürfnisse von innen. Auf diese Weise pendelt sich ein lebendiges Gleichgewicht ein.

Wie sich die Lebensgeschichte im Körper ausdrückt

Unser Körper ist wie ein Buch. Von Anfang an schreibt sich unsere Lebensgeschichte darin ein. Er antwortet auf alles, was wir erleben, und wir können ihn lesen wie eine Chronik. Allerdings: Der Text ist zum Teil verschlüsselt oder schwer lesbar. Längst nicht alles lässt sich entziffern. Am nachhaltigsten geprägt wird unser Lebensbuch durch die früheste Zeit unserer Existenz. Ein deutliches Zeichen dafür ist zum Beispiel die Form unseres Kopfes. Sie erzählt zeitlebens, wie wir getragen und geboren wurden.

Kleinkinder sind den Einflüssen ihrer Umgebung sowie Hunger und Schmerzen schutzlos ausgesetzt. Sie können nicht ausweichen. Eine ihrer Reaktionsweisen ist Weinen und Sichzusammenkrümmen. Wird zum Beispiel der Hunger gestillt, hört das Weinen auf und das Baby entspannt sich. Werden die Bedürfnisse des kleinen Kindes nur mangelhaft befriedigt oder erfährt es weiterhin bedrohliche Einwirkungen aus der Umgebung, so entspannt sich der kindliche Organismus nicht mehr vollständig, er bleibt ständig angespannt. Der Körper übernimmt mit dieser Reaktionsweise eine Schutzfunktion; überwältigende Gefühle und unerträgliche Schmerzen versucht er auf diese Weise zu dämpfen und fern zu halten. So kann das Kind Notsituationen überstehen. Spuren dieser Notmaßnahmen bleiben bis ins Erwachsenenalter bestehen. Sie lassen sich an Körperhaltungen ablesen, die zum Beispiel ausdrücken: »Ich muss mich ducken, um mich vor Schlägen zu schützen« oder »Kopf hoch, so behalte ich den Überblick«. Für das Kind sind diese Reaktionsweisen ein überlebenswichtiger Schutz. Schwer traumatisierte Kinder wählen auch andere Wege, um sich zu schützen, insbesondere, wenn sie Misshandlungen ausgesetzt sind. Sie beschreiben es später als »Aussteigen aus dem Körper« und meinen damit, dass sie den Kontakt zum Körper ganz unterbrechen, um sich unempfindlich zu machen.

Das Festhalten an alten Mustern kostet Energie.

Als Erwachsene haben wir andere Möglichkeiten entwickelt, um mit belastenden Situationen umzugehen, auch wenn die ersten Kapitel der Lebenschronik noch immer wirksam sind. Der Körper hält die alten Muster fest, oder er reagiert mit erhöhter Wachsamkeit auf Signale, die jetzt harmlos sind, früher aber bedrohlich waren. So wird der früher sinnvolle Schutz später zur Behinderung. Das Festhalten an alten Mustern im Körper kostet Energie, der Zugang zu den Körperempfindungen und zu den tiefer liegenden Gefühlen ist erschwert oder abgeschnitten.

Körpermuster und Überverantwortlichkeit

Wie drückt sich Überverantwortlichkeit im Körper aus? Es gibt kein einheitliches Körpermuster: Verschiedene Formen von Sorgenspinnen- und Lasteselhaltungen prägen den Körper auf vielfältige Weise, wobei die meisten von uns nicht ständig in einer überverantwortlichen Haltung verharren. Je nach Umständen geraten wir hinein. Dies passiert vielen Menschen von Zeit zu Zeit.

Alexander beispielsweise, der sich aus Angst, abgelehnt zu werden, durch das Leben geschlängelt hat, zeigt ein Körpermuster, wie es bei überangepassten Menschen oft anzutreffen ist: Er geht wie auf Eiern.

Er vermeidet es, mit den Fersen aufzutreten. Wenn er Schritte macht, so tritt er mit dem vorderen Teil des Fußes auf. So kann er seine Füße nur unvollständig abrollen. Dies verleiht seinem Gang etwas Unsicheres, Zögerndes. Es wirkt, als wollte er möglichst leise und unauffällig daherkommen, buchstäblich »leise treten«.

Stellen wir uns einen aufmerksamen Zuschauer in einer fesselnden Theateraufführung vor. Er lehnt sich etwas vor, und sein Gesicht spiegelt das, was auf der Bühne vorgeht. Wenn es spannend wird, »vergisst« er zu atmen, er blockiert sein Zwerchfell, die Rippen bewegen sich nicht mehr, die Atmung wird oberflächlich. Schulter- und Halsmuskeln ziehen sich zusammen, die Muskulatur um die Augen ist angespannt, ebenso der Unterkiefer. Wir merken: Der Zuschauer ist ganz in das Geschehen auf der Bühne eingetaucht.

Eine ähnliche Körperhaltung nehmen wir ein, wenn Gefahr droht, die uns in den Zustand höchster Aufmerksamkeit versetzt. Und schließlich reagiert unser Körper auf gleiche Weise, wenn wir in einer überverantwortlichen Haltung nur noch beim andern, nicht mehr bei uns selbst sind. Daneben gibt es noch viele weitere Möglichkeiten, wie der Körper

eine Sorgenspinnen- oder Lasteselhaltung auszudrücken vermag.
Überverantwortliche Menschen lernen früh, ihre Antennen auf die Umgebung auszurichten. Sie gewöhnen sich daran, ihre eigenen Bedürfnisse und Körperreaktionen nicht zu beachten, bis sie diese kaum mehr wahrnehmen. Der Körper wird in erster Linie zu einem Gebrauchsgegenstand, der funktionieren muss. Wenn er seinen Dienst verweigert, wird er zum Arzt, gleichsam in Reparatur gebracht. Dieser soll die Funktionsstörung beheben.
Überverantwortliche Menschen können durchaus sportlich, bewegungsfreudig und körperlich geschickt sein. Aber die Grenzen zur Überbeanspruchung, zur Erschöpfung spüren sie nicht oder nehmen sie nicht ernst. Warnsignale des Körpers werden übergangen oder mit Medikamenten bekämpft.

Warnsignale des Körpers werden übergangen oder bekämpft.

Wenn ein Mensch sich gewohnheitsmäßig in wichtigen Lebensbereichen im Übermaß für andere verantwortlich fühlt, so bleiben die Muskeln in einem Zustand erhöhter Spannung. Das vegetative Nervensystem stellt sich auf Stress ein. Sympathikus und Parasympathikus kommen aus dem Gleichgewicht. Der Rhythmus zwischen Arbeit/Anspannung und Ruhe/Entspannung wird gestört. Man fühlt sich angetrieben und erschöpft zugleich.
Wir alle kennen diese Signale, die unser Körper aussendet. Wir haben in ihm ein zuverlässiges Frühwarnsystem. Seine Botschaften können wir wahrnehmen und als Zeichen einer Störung unseres Gleichgewichts verstehen. Nur: Wir müssen sie auch ernst nehmen und eine Verschnaufpause einlegen. Überverantwortliche Menschen haben damit ihre liebe Mühe.

Mit der Zeit werden die Botschaften des Körpers deutlicher, störender, quälender: Rücken-, Kopf- und Bauchschmerzen können sich einstellen, Schlafstörungen, Herzrhythmusstörungen, Hautprobleme. All diese Signale sind wiederum unspezifisch, sie können auch auf andere Störungen hinweisen, und sie sind abhängig von unseren persönlichen Schwachstellen.

Wenn wir auf diese Anzeichen nicht reagieren, meldet sich der Körper immer heftiger. Schließlich zieht er die Notbremse. Aber auch die Art der Notbremse ist wiederum unspezifisch. Wir können ernsthaft erkranken, zum Beispiel an einem Magengeschwür oder einem Herzinfarkt, wir können aber auch einen Nervenzusammenbruch erleiden oder einen Unfall.

Menschen, die sich aufopfern, brauchen oft unbewusst ihren Körper und seine Symptome, um die Umgebung auf ihre Überforderung und ihren Wunsch nach Schonung aufmerksam zu machen. Wer kennt nicht von Kopfweh geplagte Menschen, die geschont werden müssen, oder wem sind nicht Väter und Mütter bekannt, die Herzanfälle erleiden, wenn Konflikte auftauchen, die nicht ausgetragen werden dürfen.

Schließlich kann auch der Fall eintreten, dass ein überverantwortlicher Mensch erkrankt, wenn ihm die Last der Verantwortung abgenommen wird, zum Beispiel bei der Pensionierung, wenn er sich nicht mehr von andern gebraucht fühlt und ihm der Sinn seines Daseins entzogen wird.

Wir möchten an dieser Stelle ausdrücklich festhalten, dass es nicht um verdeckte Schuldzuweisungen geht, im Sinne von »Weil du diese Fehlhaltung hattest, bist du nun krank«. Wir wollen die Frage umkehren. Jeder muss sie sich selbst stellen: »Meine Symptomatik, meine Erkrankung, was will sie mir sagen?« Denn Schwachstellen jeder Art können ein Ansporn für unsere Entwicklung sein.

Als Illustration für dieses Kapitel bringen wir einige Beispiele, die zeigen, wie eine überverantwortliche oder überbesorgte Haltung durch Botschaften des Körpers oder über Träume wahrgenommen werden kann.

Botschaften des Körpers

Rolfs Magen rebelliert

Rolf ist Dozent. Bevor er ein neues Seminar gibt, leidet er regelmäßig an Magenkrämpfen. Er stellt den Anspruch an sich, in jeder Hinsicht kompetent und überlegen zu sein und auf jede Frage eine Antwort zu wissen. Er hat große Angst, diesem Anspruch nicht zu genügen.

Rolfs Ängste sind irreal. Seine Vorlesungen sind beliebt. Er kann Neues auf anregende Weise vermitteln; er ist belesen und kompetent. Aber er hat eine sehr strenge innere Stimme, die zu ihm sagt: »Du musst perfekt sein. Du musst alles wissen. Alle deine Studenten müssen zufrieden sein. Sie müssen von dir bekommen, was sie brauchen. Niemand darf frustriert hinausgehen!«

Woher kommen Rolfs Ängste? Schon als kleiner Junge versuchte er, seine anspruchsvollen Eltern zufrieden zu stellen. Am besten gelang ihm dies durch intellektuelle Leistungen. Dabei strengte er sich übermäßig an, ohne jedoch sein Ziel zu erreichen. Vor den Vorlesungen plagt ihn die alte Kinderangst, nicht geben zu können, was andere erwarten. Sie treibt ihn an, sich hoffnungslos zu überfordern. Sein Magen hat mittlerweile begonnen, gegen die unerträgliche Bürde zu rebellieren. Würde Rolf ihm eine Stimme verleihen, könnte er ihn vielleicht weinerlich sagen hören: »Es wird mir zu viel. Ich mache nicht mehr mit. Ich streike.«

Wenn Rolf merkt, dass die Stimme seines Magens alte Kinderängste zum Ausdruck bringt, die heute nicht mehr berechtigt sind, kann er sich selber gegenüber eine wohlwollendere Haltung einnehmen und zu sich sagen: »Du bist in Ordnung, so, wie du bist.«

Sobald Rolf diese weinerliche und gleichzeitig die andere, strenge Stimme in sich vernimmt, merkt er, wie er zwischen einer überfordernden Stimme und der Stimme seines Magens hin und her gerissen wird. Er kann lernen, eine »mittlere«, sich selber gegenüber wohlwollendere Haltung einzunehmen. Lässt er diese sprechen, könnte sie sagen: »Du bist in Ordnung, so, wie du bist. Du darfst dich wohl fühlen. Du leistest genug, du bist kompetent. Alles wissen musst du nicht. Die Welt geht nicht unter, wenn du auf eine Frage keine Antwort weißt.«

Von den Sorgen zur Migräne

Antoinette hat erwachsene Töchter und Söhne. An Weihnachten pflegt sich die ganze große Familie bei ihr zu treffen. Kurz vorher kriechen Ängste in ihr hoch. Je näher die Festtage rücken, desto weniger kann sie sich entscheiden, was gegessen werden soll, ob ihre Geschenke wirklich passend sind, was sie noch dazukaufen sollte. Sie fragt sich besorgt: »Wen kann ich um Hilfe bitten bei den Vorbereitungen, was ist zumutbar, was zu viel? Was könnte ich abgeben? Wie kann ich gute Stimmung verbreiten und Konflikte verhindern?« Je länger sie um ihre Vorstellungen kreist, ohne eine Entscheidung zu treffen, desto größer werden ihre Ängste. Sie gerät in einen Zustand von zunehmender körperlicher und psychischer Anspannung.

In dieser Situation vergisst sie ihren Körper. Wenn sie jetzt nicht auf ihn achtet, so beginnt er zu rebellieren. Zunächst fühlt sie sich tagsüber gleichzeitig erschöpft und angetrieben, nachts kann sie nicht mehr durchschlafen. Sie verspannt sich mehr und mehr, Kreuzschmerzen kommen hinzu.

Noch ist es möglich, dass sie sich an ihren Körper erinnert, aus dem Teufelskreis Angst-Verspannung aussteigt und das reale Ausmaß ihrer Verantwortlichkeit klar anschaut. Wenn nicht, nimmt der Kopfdruck zu. Es entwickelt sich ein heftiger Spannungskopfschmerz, der vom Nacken und von den Augen ausgeht, und es stellen sich mehrtägige Migräneattacken ein.

Antoinette gerät in den Zustand der Sorgenspinne. Ihre Erwartungen an sich selber wachsen ins Unermessliche. Sie meint, sie allein sei zuständig für das Wohlbefinden aller. Ihre Klage über den jährlich wiederkehrenden Engpass hat sie in einem »Weihnachtslied« festgehalten:

O du fröhliche,
O unselige
Sorgen bringende Weihnachtszeit!
Wen soll ich beschenken?
Mutter hat alles,
Vater braucht nichts.
Ich brauche Ideen,
zündende.
Fühle mich ausgebrannt.
Freude verbreiten möchte ich.
Zufriedenheit.
Meine Tochter, mein Sohn,
Ihnen bin ich so vieles
schuldig geblieben.
Endlich möchte ich
Versäumtes nachholen.
Wieder gutmachen.
In den Augen
meiner Kinder
ein Licht anzünden,
Vergebung erkennen.

Ich bin satt und esse weiter

Anna klagt, sie sei zu dick. Wenn ihre Kinder den Teller nicht leeren, isst sie die Reste auf. Sie behandelt sich selbst als Abfalleimer.

Anna lebt in einem Zwiespalt. Ihr Pflichtgefühl, ihre übernommenen Wertmaßstäbe diktieren ihr, dass Essen nie weggeworfen werden darf. Im Gegensatz dazu ruft ihr Körper: »Ich bin satt, ich bin satt!«

Das Pflichtgefühl gewinnt die Oberhand, sie stopft die Essensreste in sich hinein. Was ist der Preis? Sie findet sich zu dick. Sie fühlt sich nicht wohl in ihrem Körper, lehnt ihn ab und ist mit sich und ihrem Aussehen unzufrieden. Die Unzufriedenheit wiederum führt dazu, dass sie Essgelüste hat und zu viel nascht. Dazu kommt, dass Anna – wie viele Überverantwortliche – nicht genügend auf ihre Bedürfnisse achtet. Ein quälendes Gefühl von Leere ist die Folge. Mit Essen soll dieses innere Loch gestopft werden.

Immer bei den andern – mir wird eng

Im vorigen Kapitel haben wir Moritz erwähnt: Er wurde als Nachzügler geboren. Als sensibles Kind spürte er, dass die Kraft seiner Eltern für ihn nicht mehr ausreichte. Er gab sich die größte Mühe, lieb und angepasst zu sein. So wurde er zum Sonnenschein für die Eltern. Seine Kindheit war überschattet von Asthmaanfällen.

Es wäre verfehlt zu behaupten, dass Überverantwortlichkeit Asthma verursacht. Moritz ist nicht der Einzige in seiner Familie, der daran leidet. Es besteht eine familiäre Disposition. Moritz hat als Erwachsener immer noch Asthmaanfälle. Das Asthma ist zu seinem Begleiter im Leben geworden. Inzwischen hat Moritz viel über diesen Begleiter gelernt. Er weiß, dass seine innere Verfassung zu dessen Erscheinen beiträgt: Die Luft bleibt ihm weg, wenn er bei den andern ist, Sonnenschein spielt und darüber sich selbst vergisst.

Regula erkrankt und stellt sich neu auf das Leben ein

Mit 51 Jahren erkrankt Regula an einem Gebärmutterkrebs. Der Schock sitzt tief. Sie hat den Eindruck, noch gar nicht wirklich gelebt zu haben.

Die schwere Krankheit bringt sie dazu, ihr Leben neu zu überdenken. Sie erkennt immer klarer ihre Überverantwortlichkeit. Bisher hat sie ihre eigenen Bedürfnisse zu wenig beachtet. Sie findet zu einer neuen Lebenshaltung:

Ihren Gaben entsprechend ist sie weiterhin da für ihre Mitmenschen. Dabei nimmt sie ihre eigenen körperlichen und psychischen Grenzen sorgfältiger wahr und respektiert sie.

Ich vermeide Konflikte und gerate unter Druck

Maria leidet an schweren Schlafstörungen. Außerdem ist ihr Blutdruck erhöht. In der Beziehung zu ihrem Partner tut sie alles, um Konflikte zu vermeiden. Sie versucht, ihren aufbrausenden Mann nicht zu reizen, und glättet Wogen, so gut es geht. Sie richtet sich ganz nach seinen sexuellen Erwartungen.
Außerhalb ihrer Familie kann sie durchaus ihre Bedürfnisse spüren und für sich selber sorgen, aber in der Beziehung zu ihrem Mann gerät sie unwillkürlich in die Rolle der aufmerksamen Dienerin, welche ihn mit Samthandschuhen anfasst.
Maria hat Angst, sich ihrem Partner gegenüber zu behaupten und eine klare Haltung einzunehmen. Ihre Angst ist begründet: Schon mehrfach hat er sie in einem Wutanfall geschlagen. Er hat auch damit gedroht, sie zu verlassen.

Marias Körper hält die Dauerspannung nicht mehr aus. Er beginnt zu rebellieren. Sie merkt: Sie muss eine andere Einstellung zu ihrem Mann und zu sich selber finden.
Inzwischen hat sie gelernt, klarer für sich selber einzutreten. Sie lässt sich nicht mehr schlagen und entwerten. Auch heute noch macht sie bewusst Kompromisse. Sei weiß, dass sie oft das kleinere Übel der Anpassung wählen muss, damit nicht ständig Feuer im Dach ist. Ihren Partner will sie nicht verlassen. Sie liebt ihn und versucht, ihn zu akzeptieren, so, wie er ist. Ihr Blutdruck hat sich stabilisiert und sie kann besser schlafen.
Mit der Zeit ist ihr bewusst geworden: Ihrem Mann gegenüber verharrte sie nur vordergründig in der Rolle der stillen Dulderin. Durch ihre Samthandschuhe hindurch waren für den Ehemann oft auch spitze Krallen spürbar. Mit scheinbar liebem und leicht herablassendem Ton konnte sie ihn entwerten und damit zur Weißglut reizen.

Immer verfügbar – so kann es nicht weitergehen
Mischa übersieht die unterste Stufe einer Treppe und verstaucht sich den Fuß. Wenig später stürzt er beim Skifahren. Er erleidet Prellungen und eine leichte Gehirnerschütterung. Kurze Zeit danach tritt eine Magenblutung auf. Ein Geschwür im Zwölffingerdarm wird entdeckt.

Die Signale von Mischas Körper sind deutlich. Er scheint lauter und lauter zu rufen: »Stopp! So kann es nicht weitergehen!« Weshalb muss sein Körper so laut rufen, bis Mischa auf ihn achtet? Seine Geschichte gibt darüber Aufschluss.
Nach entbehrungsreicher Flucht kam Mischa als kleiner Junge in die Schweiz zu Pflegeeltern. Er war ein lebhaftes, offenes, fröhliches Kind mit der Fähigkeit, auf andere zugehen zu können. Früh hat er gelernt, unkompliziert und pflegeleicht zu sein. Es lag für ihn auf der Hand, einen sozialen Beruf zu erlernen, hatte er doch seit jeher großes Verständnis für die Nöte anderer. Sein Pensum ist übervoll; selbstlos setzt er sich für Benachteiligte ein. Er ist immer erreichbar und gönnt sich kaum Ruhe.
Was bringt Mischa dazu, als menschlicher Lastesel Bürde um Bürde auf sich zu laden? Er leidet unter schweren Schuldgefühlen seiner Familie und seinem Volk gegenüber: Ihm geht es gut, während seine Angehörigen vieles entbehren müssen und ein Teil seines Volkes unterdrückt wird. Die Schuldgefühle erlauben nicht, dass es ihm gut geht, solange andere leiden. Er versucht, da, wo er lebt, alles zu tun für Benachteiligte. Dabei übergeht er seinen Körper und das, was er braucht, radikal.

Traumbotschaften

Träume beleuchten oft die Beziehung zwischen Körper und überverantwortlicher Haltung. Carmela träumt:

Ich sehe einen Tannenbaum voll Schnee vor mir. Jeder Ast bedeutet eine Mitarbeiterin. Ich bin der unterste Ast und fühle das Gewicht der anderen Äste auf mir.

Der unterste Ast trägt nicht nur Schnee, sondern auch das Gewicht der oberen Äste. Das Traumbild steht in direktem Zusammenhang mit Carmelas Arbeitssituation. Als eine der ältesten Mitarbeiterinnen hat sie in all den Jahren große Tragfähigkeit bewiesen. Ihre Kolleginnen stützen sich auf sie und übergeben ihr einen Teil der eigenen Verantwortung. Carmela spürt im Traum körperlich den Druck ihrer übergroßen Bürde. Die Grenze ihrer Belastbarkeit ist erreicht, so kann es nicht weitergehen. Die Winterstimmung mit der schneebeladenen Tanne lässt ahnen, dass die Mitarbeiterinnen im Betrieb ohne Protest wie vereist unter ihrer Last ausharren. Es scheint nicht zur Diskussion zu stehen, sie abzuschütteln oder besser zu verteilen. Es bleibt nur die Hoffnung auf den Frühling und die Schneeschmelze.

Adrian träumt:

Eine Herde wilder Pferde galoppiert an mir vorbei. Mich erstaunt, dass ich ihr Getrappel kaum höre. Da sehe ich: Bei allen sind die Hufe dick mit Watte umwickelt.
Adrian erwacht mit heftigen Kopfschmerzen.

Als rücksichtsvoller Mensch neigt Adrian zum Leisetreten. Was für ein gewaltiger Widerspruch besteht im Traum zwischen der geballten Kraft dieser Gruppe von Pferden und ihren kaum hörbaren Hufschlägen! Der Traum zeigt, was in Adrian vorgeht: Die Herde wilder Pferde verdeutlicht, dass in ihm ein großes Potential an Energie vorhanden ist. Aber die Tiere sind wild und damit unberechenbar; sie sind noch nicht zugeritten, können weder gezügelt noch gelenkt werden. Dies kann bedeuten, dass Adrian Angst vor starken, vitalen Gefühlen hat, mit denen er nicht umzugehen weiß. Sie könnten andere verletzen und ihm selbst schaden. Was passiert nun im Traum? Die Hufschläge sind fast unhörbar, weil die Watte ihre Laute beinahe ganz erstickt. So scheint Adrian seine Gefühlsäußerungen zu ersticken. Sie melden sich indirekt über den Kopfschmerz.

Welchen Preis zahlt Adrian für seine übertriebene Rücksichtnahme? Er unterdrückt einen großen Teil seiner Lebensenergie. Und was ist die Botschaft dieses Traums? Welchen Schritt kann Adrian tun, weg von seiner Gewohnheit, als unscheinbares Mäuschen aufzutreten, wo er doch Pferdekräfte hat? Wichtig ist für ihn zu unterscheiden, wo er Rücksicht nehmen muss und wo er seine Vitalität unnötig drosselt.

Antonia träumt:

Ich liege im Blutspendezentrum. Es wird mir gleichzeitig Blut aus beiden Armen entnommen.

Gegenwärtig wird sehr viel von Antonia gefordert: Ihre beste Freundin ist todkrank. Gleichzeitig steckt ihre Tochter in einer ernsthaften Pubertätskrise. Antonia setzt sich nach Kräften für beide ein. Sie ist bereit, alles zu tun, was im Bereich ihrer Möglichkeiten liegt.

Im Traum wird Antonia von zwei Seiten her angezapft. Sie wird darauf hingewiesen, was im Moment mit ihren Kraftreserven geschieht: Sie ist in Gefahr, sich auf selbst gefährdende Weise zu verausgaben. Vorübergehend kann es notwendig sein, Blut aus beiden Armen zu spenden. Wenn Antonia sich aber ausbluten lässt, hilft sie niemandem.

Antonia ist nicht gewohnheitsmäßig überverantwortlich. Für sie wie für andere Menschen gibt es Lebensabschnitte, die großen Einsatz verlangen und viel Verantwortung mit sich bringen. Aber selbst in diesen Situationen ist es wichtig, auf die Grenzen der eigenen Belastbarkeit zu achten.

Überverantwortlichkeit in Partnerschaft und Beziehungen

Sorgenspinne und Lastesel zu zweit

Wir haben bereits beschrieben, auf welche Weise überverantwortliche Menschen sich auf andere einstellen: Sie übergehen die eigenen Bedürfnisse und nehmen dafür diejenigen von andern Menschen besonders gut wahr. Sie wollen gebraucht werden und führen eine heimliche Buchhaltung über geleistete Dienste in der Erwartung einer Belohnung. Diese Tendenzen beeinflussen auch die Paarbeziehung. Die Dynamik ist dieselbe, ob es sich um ein gegen- oder gleichgeschlechtliches Paar handelt. Damit wollen wir uns in diesem Kapitel befassen. Wenden wir uns zunächst der Partnerwahl von überverantwortlichen Menschen zu.

Der untergründige Sog in der Partnerwahl

In der Phase der ersten Verliebtheit befinden wir uns alle in einem veränderten Bewusstseinszustand: Wir schweben wie auf Wolken, rosige Schleier umhüllen uns, die Welt leuchtet wie sonst nie, und der Gedanke an den/die Geliebte(n) lässt uns erschauern. In diesem Zustand ist unser Lebensgefühl unendlich gesteigert.
Überverantwortliche verlieben sich selbstverständlich genauso wie andere Menschen. Sie werden aber zudem untergründig von bestimmten Eigenschaften angezogen, die wie ein tiefer, heimlicher Sog wirken.
Susann beschreibt ihre Erfahrungen so:

Allmählich weiß ich, welche Männer mir gefährlich werden. Sie haben dunkle Augen wie bodenlose Seen. Wenn ich in diese Augen blicke, aus denen eine wehmütige Sehnsucht zu mir spricht, kann ich nicht anders, als versuchen, diese Sehnsucht zu stillen. Ich fühle mich hingezogen zu diesen zu kurz Gekommenen, ich möchte sie trösten und ihnen zeigen, dass das Leben für sie etwas bereit hält, das ihre Sehnsucht lindert. Durch ein paar bittere Enttäuschungen ist mir bewusst geworden, was diese unergründlichen Augen in mir bewirken: Irgendwann merke ich, dass ich mich unermüdlich darum bemühe, ein Fass ohne Boden zu füllen. Was ich auch hineingebe, es ist nie genug und zerrinnt im Leeren. Ich nenne Männer, die solche Augen haben, meine »Fallenmänner«. Es kostet mich große Überwindung, und ich muss meine ganze Vernunft aufbieten, um nicht immer wieder in dieselbe Falle zu treten, die ach so attraktiv auf mich wirkt.«

Susann musste erkennen, dass die Anziehung ihrer »Fallenmänner« von ihrer eigenen Überzeugung getragen wurde, einen Menschen mit ihrem Einsatz für ihn heilen zu können. Sie glaubte fest daran, mit erhöhten Anstrengungen ihr Ziel zu erreichen. So lange wie möglich versuchte sie es mit noch mehr Hingabe und Selbstverleugnung, bis sie er-

schöpft zusammenbrach und das Illusionäre ihres Tuns erkennen musste.
Selbstverständlich gibt es umgekehrt auch »Fallenfrauen« für überverantwortliche Männer. Immer wieder stellen sie sich ganz in den Dienst einer bedürftigen Partnerin. Sie genießen es zunächst, sich überlegen und großzügig vorzukommen. Darbende Seelen lassen sich aber auf diese Art nicht erlösen. Ihr Retter überfordert sich mit der Zeit restlos.
Das Betörende, das untergründig den geliebten Menschen so attraktiv macht, liegt in der unausgesprochenen Botschaft: »Du allein kannst mir geben, was ich wirklich brauche, was ich immer entbehrt habe. Du gibst meinem Leben Sinn. Wenn wir zusammen sind, geht es mir besser.« Auf diesen Appell antwortet der/die Angesprochene innerlich: »Ich nehme mich deiner an. Ich kann dein Leiden lindern. Du wirst sehen, ich mache all deine Enttäuschungen aus früheren Beziehungen gut. Ich ersetze dir Vater, Mutter, deine Heimat. Ich kann dich verändern, einen besseren Menschen aus dir machen. Ich kann dich bewahren vor einem Absturz in die Sucht, vor einem Rückfall in die Kriminalität.«

Auch Lastesel sind bedürftig. Sie sehen im andern, was sie selber nötig hätten.

Für die Retter ist eine solche Beziehung gefährlich. Sie überschätzen ihre Kräfte und ihre Möglichkeiten, einem Menschen zu helfen. Verändert sich nichts, so verdoppeln sie ihre Anstrengungen. Je größer der Einsatz ist, desto mehr müssen die Helfer ihre eigenen Bedürfnisse übergehen, desto abhängiger werden ihre Partner. Vergessen wir nicht: Auch ein Lasteselmensch ist im Grund bedürftig. Er sieht im andern, was er selber auch nötig hätte. Je stärker er seine Bedürfnisse unterdrückt, desto gebieterischer können sie sich mit der Zeit melden, indem er beispielsweise erkrankt.

Wenn zwei bedürftige Überverantwortliche sich ineinander verlieben, entwickelt sich dieselbe Dynamik:

Lydia und Robert lernten sich bei einem Fest kennen. Beim Tanzen erwähnte Lydia, sie habe ein wenig Halsweh. Robert brachte ihr am nächsten Tag ein Glas Honig. Sie war sehr gerührt von dieser Geste und verliebte sich prompt in ihn.

An dieser Geste als Ausdruck liebevoller Anteilnahme ist natürlich nichts auszusetzen. Sie könnte ebenso am Anfang der Beziehung von zwei eigenständigen Persönlichkeiten stehen. Hier war es so, dass Lydia vaterlos aufgewachsen war. Sie hatte früh viel Verantwortung für ihre Mutter übernommen. Sie fühlte sich zutiefst von Roberts Fürsorglichkeit angezogen. Er wiederum hatte für seine Mutter sorgen müssen, weil der Vater trank. Er spürte Lydias Bedürftigkeit und übernahm sofort die Rolle des väterlichen Beschützers.
Der eigene Hunger nach Fürsorge ist Überverantwortlichen kaum bewusst. Robert und Lydia spürten nicht, wie bedürftig sie im Grunde waren und wie stark ihre ungestillte Sehnsucht die gegenseitige Anziehung beeinflusste. In der ersten Verliebtheit ist kaum auszumachen, ob und wie stark in der gegenseitigen Faszination Überverantwortlichkeit mitschwingt.

Verschiedene Beziehungsformen

König und Dienerin sowie Königin und Diener

In Zweierbeziehungen gibt es Könige und Königinnen wie auch Diener und Dienerinnen. Zunächst bestimmt auch hier ein untergründiger Sog die Partnerwahl. Die Königin strahlt

aus: »Ich brauche jemanden, der ständig verfügbar ist und mir zu Diensten steht.« Der Diener antwortet innerlich: »Ich bin bereit, alles für dich zu tun und dir ergeben zu dienen.«
Der König nimmt die Huldigungen der Dienerinnen entgegen. Sie bestätigen ihm unaufhörlich, dass er etwas Besonderes ist. Er gibt Erlasse heraus, gewährt Audienzen, beehrt die einen mit seiner Huld, verhängt über Unbotmäßige Sanktionen. Er bestimmt die Etikette bei Hof. Er weiß, was für seine Untergebenen bekömmlich ist.
Die Dienerinnen bezeugen ihre Ehrfurcht durch Bücklinge. Sie unterwerfen sich den Erlassen, aber auch den Launen und der Willkür des Königs. Lob und Anerkennung adelt sie. Schelte und Nicht-beachtet-Werden vernichtet sie.
An dieser Stelle wollen wir das Beispiel von Ines aufgreifen, die wir bereits im zweiten Kapitel kennen gelernt haben.

Ines weiß, dass ihr Mann eine Beziehung zu einer anderen Frau unterhält, mit der er regelmäßig die Ferien verbringt. Jedes Mal, wenn er mit der Freundin verreist, bringt Ines ihn mit dem Auto zum Bahnhof.

Ines muss im tiefsten Inneren eine gewaltige Enttäuschung und Wut darüber spüren, dass ihr Mann, den sie liebt, fremdgeht. Was treibt sie dazu, ihn auf den Bahnhof zu begleiten, wo sie doch weiß, mit wem er sich trifft? Wie kommt es, dass sie sich offenbar freiwillig dafür hergibt und ihn behandelt wie einen König?
Von außen sieht es aus, als ob sie sich erniedrigen und auf den Knien um Gnade, Anerkennung und Liebe betteln würde. Und es ist kaum anzunehmen, dass Ines ihren Mann zurückgewinnen kann, indem sie ihre Gefühle wegsteckt und sich zur Sklavin macht. Sie ist tapfer, könnte man sagen. Aber diese »Tapferkeit« schädigt sie und letztlich auch die Beziehung.
Scheinbar liegt in diesem Beispiel die Überverantwortlichkeit einseitig bei der Dienerin. Betrachten wir diese Bezie-

hungsform genauer: Dass es der Dienerin an Selbstwertgefühl mangelt, ist leicht einzusehen. Warum aber verzichtet der König nicht auf die untertänigen Dienste zugunsten einer ebenbürtigen Partnerschaft? Doch wohl, weil die Dienerin sein Selbstwertgefühl bestätigt. Sein Selbstwert muss fortwährend von außen durch eine ihm ergebene Person aufrechterhalten werden.
So erhebt sich die Frage: Wer ist der König ohne seine Dienerinnen? Wer sind die Dienerinnen ohne ihren König? Sie sind aufeinander angewiesen und voneinander abhängig. König und Dienerin bilden ein System, in dem beide mitwirken und dazu beitragen, dass sich nichts ändert. Selbst wenn von außen gesehen der eine Teil, die Dienerin, Opfer ist: »Unschuldig« am Geschehen ist sie nicht. Sie ist daran beteiligt, indem sie dem König nichts entgegensetzt, was diesen hindern würde, seine »Dienerin« auf so unwürdige Art zu behandeln.
Die Überverantwortlichkeit des Königs ist nicht ohne weiteres ersichtlich. Sie besteht darin, dass er sich für zuständig hält, über Wohl und Wehe seiner Untertanen zu bestimmen. Damit entmündigt er sie und hält sie abhängig, unter dem Deckmantel, für sie zu sorgen.
Kaum eine Königin ist in all ihren Beziehungen Königin, kaum ein Diener immer Diener. Besondere Umstände müssen zusammenwirken, damit sich diese Beziehungsform aufbaut. Dazu folgendes Beispiel:

Sonja lässt sich versklaven

Sonja leitet eine Selbsterfahrungsgruppe. Eine Teilnehmerin kommt zu spät. Sie beansprucht Sonja mehr als alle anderen. Sie verlangt Extrawürste und bringt Sonja dazu, ihre Regeln für die Gruppe zu lockern. Schließlich kommt ihr Sonja sogar finanziell entgegen. Trotz allem kann Sonja es dieser Frau nicht recht machen. Sie fühlt sich ihr gegenüber schuldig. In der Gruppe fühlt sich Sonja zunehmend unfrei.

Sonja ist keineswegs die geborene Dienerin. Sie ist auch nicht der Typ, der allen alles recht machen muss. Hingegen

ist sie es von ihrer Art und von ihrem Beruf her gewohnt, auf andere einfühlend einzugehen. Grenzen setzen kann sie weniger gut. Sie hat zwar klare Regeln für ihre Gruppe erarbeitet, die normalerweise von allen respektiert werden. Um jedoch von einer Königin ernst genommen zu werden und sich aus der unfreiwilligen Versklavung zu befreien, müsste sie viel entschiedener auftreten, als sie es gewohnt ist.
Eine weitere verbreitete Variante ist die, dass sich ein Paar gemeinsam in den Dienst einer »Königin« begibt:

Esther und ihr Mann unternehmen zusammen mit einem befreundeten Ehepaar eine Ferienreise. Schon am ersten Tag hat die Freundin heftige Zahnschmerzen. Alle verbringen den Tag mit der Suche nach einem Zahnarzt. Nach der ersten Nacht im Hotel beklagt sich die Freundin über die Matratze; sie habe schlecht geschlafen und ihr Rücken sei verspannt. Die Ehepaare tauschen die Hotelzimmer. – Im Auto ist es zu warm, zu kalt, die Luft ist stickig, es zieht. Am dritten Tag merkt Esther, dass sie auf dieser Reise bis jetzt überhaupt nicht zu sich selbst gekommen ist. Sie vernachlässigt sich ihrer Freundin zuliebe.

Eines ist sicher: Die Königin wird an der Situation nichts ändern wollen. Oft ist ihr Verhalten ihr gar nicht bewusst. Eine Veränderung herbeiführen können nur die Diener. Sie werden Strategien entwickeln müssen, um sich aus der dienenden Rolle zu befreien.
Einen drastischen, aber wirksamen Ausweg zeigt die folgende gegenläufige Geschichte. Der »Diener« erkennt, welche Rolle ihm angeboten wird, und steigt beizeiten aus.

Die schockierte Königin
Viola und Hans befinden sich auf der Hochzeitsreise in der Eisenbahn. Sie ist eine attraktive, verwöhnte junge Frau; er ein gut aussehender, strebsamer, beruflich sehr engagierter Mann. Sie ist gewohnt, bedient zu werden und bittet ihn mehrfach, ihr etwas zu bringen: ein Buch aus ihrem Koffer, einen Schal aus dem Gepäcknetz, die Sonnenbrille aus ihrer Tasche.
Der junge Ehemann tut ihr den Gefallen und reicht ihr alles, was sie wünscht. Schließlich fordert Viola ihn auf, er möge ihr doch

das Parfumfläschchen in ihrem Beautycase suchen. Da öffnet Hans das Fenster und wirft das Köfferchen wortlos aus dem fahrenden Zug.

Was immer wir von solch drastischen Methoden halten mögen: Die junge Frau war schockiert, nahm aber die Herausforderung an. Ihre Prinzessinenhaltung wurde ihr allmählich bewusst. Das Paar raufte sich in der Folge kräftig zusammen. Heute sind sie Großeltern, die ihren Enkeln lachend die Geschichte ihres ersten Zusammenstoßes erzählen.

Das Kind als König, die Eltern als Diener

Manche Eltern werden zu Dienern ihrer Kinder. Nicht zuletzt dank psychologischer Literatur wissen sie vieles über die Bedürfnisse und die Verletzlichkeit von kleinen Kindern. Sie möchten ihnen alles geben, was sie brauchen. Sie sind bestrebt, keine Fehler zu machen und auf keinen Fall die Fehler ihrer Eltern zu wiederholen. So wachsen ihre Ansprüche an sich selbst ins Unermessliche. Dies führt nicht selten dazu, dass sie immer auf die Forderungen ihrer Kinder eingehen und ihre eigenen Bedürfnisse vernachlässigen. Sie werden gegenüber den Kindern überverantwortlich. Die »totale Brutpflege« laugt sie völlig aus, und die Kinder entwickeln sich zu »Schlaraffenkindern« wie im folgenden Beispiel:

Familie Steiner sitzt beim Mittagstisch. Es gibt Risotto mit Pilzen. Jasmin, acht Jahre, weigert sich, den Risotto mit den Pilzen zu essen. Sie möchte ein Rührei. Kevin, fünf Jahre, wünscht Teigwaren. Seufzend verschwindet die Mutter in die Küche, um das Gewünschte vorzubereiten.

Die Eltern von Jasmin und Kevin haben ein Sorgennetz um ihre Kinder gesponnen: Die Angst, sie könnten seelisch Schaden nehmen, hat sie zu Sorgenspinneneltern gemacht

oder eben zu Dienern ihrer Kinder. So kommt es, dass sie kaum wagen, klare Grenzen zu setzen oder ein kompromissloses »Nein« auszusprechen. Natürlich brauchen Jasmin und Kevin Zuwendung und Verständnis; aber die Überbesorgtheit hindert ihre Eltern daran zu spüren, wie viel an Reibung, Konflikte und Enttäuschungen ihren Kindern zugemutet werden dürfen. Im Laufe der Zeit überfordern sie sich hoffnungslos. Der riesige Einsatz geht auf Kosten ihrer Gesundheit und ihrer Beziehung.
Auch das Beispiel von Iwan zeigt eindrucksvoll, wie sich Eltern zu Dienern ihrer Kinder machen.

Abend für Abend wird der dreijährige Iwan von seinen Eltern umhergetragen, bis er in ihren Armen einschläft. Erst dann wird er in sein Bettchen gebracht.

Iwans Eltern haben ein Netz aus Befürchtungen um ihren kleinen Sohn gesponnen: Er soll nie in seinem Bettchen weinen müssen. Häufig sind es die Verletzungen aus der eigenen Kindheit, Verlassenheitserlebnisse und Einsamkeitsgefühle, die die Eltern ihren Kindern ersparen möchten.

König und Dienerin im Alter

Diener-Königin-Beziehungen bleiben oft jahrzehntelang bestehen. Im Alter können sie durch Krankheit oder Gebrechlichkeit des Königs noch verschärft werden, denn einen leidenden König kann man unmöglich im Stich lassen. Oft löst erst der Tod die Verstrickung auf.

Der Hilflose und seine Pflegerin

Alfred hat vor einem Jahr einen Schlaganfall erlitten. Er, ein Linkshänder, ist auf der linken Seite völlig gelähmt. Seine Frau Ruth pflegt ihn aufopfernd. Sie bringt den schweren und schwerfälligen Mann mit Hilfsmitteln vom Bett in den Rollstuhl und hilft ihm bei allen täglichen Verrichtungen, unterstützt von einem externen Pflegedienst.

Nur: Alfred zeigt sehr wenig eigene Initiative. Im Gegenteil. Zunehmend »vergisst« er, dass er mit Geduld und Ausdauer seine wenig gebrauchte rechte Seite aktivieren könnte. Es ist für ihn viel bequemer, sich von Ruth bedienen zu lassen. So ruft er Ruth für alle Handreichungen herbei und lässt sich füttern, an- und ausziehen wie ein großes Baby.

Warum wird er immer fordernder? Warum bringt Ruth es nicht fertig, Nein zu sagen? Im Gegenteil, sie verstärkt ihre Bemühungen, ist noch freundlicher und aufmerksamer.
Ruth ist gut zehn Jahre jünger als Alfred. Sie ist – oder war – eine aktive, vielseitig interessierte Frau. Es bedeutete für sie wohl eine riesige Enttäuschung, den Schlaganfall ihres Ehepartners erleben zu müssen, der all ihre gemeinsamen Pläne für eine erfüllte Lebensgestaltung im Alter durchkreuzt hat. Dazu kommt, dass Alfred während des letzten Jahres keinerlei Fortschritte gemacht hat und ein »Pflegefall« geworden ist. Beide wagen es nicht, sich ihre abgrundtiefe Enttäuschung, Trauer und Wut einzugestehen.
So entwickelt sich ein Teufelskreis: Alfred wird zunehmend abhängiger und fordernder, Ruth opfert sich immer mehr auf. Sie wagt nicht, von Alfred etwas zu verlangen. Tief sitzende Schuldgefühle hindern sie daran. Diese werden durch uneingestandene Gefühle von Wut, Trauer, Enttäuschung und Überdruss genährt. Was Ruth wahrnimmt: Sie kämpft zunehmend gegen depressive Verstimmungen.

Weitere Formen von König-Dienerin-Beziehungen

Herrscher-Untertanen-Beziehungen gibt es nicht nur zwischen Partnern oder Eltern und Kindern. Wir kennen sie auch aus Betrieben mit hierarchischer Ordnung, zum Beispiel in Krankenhäusern, Hotelbetrieben, beim Militär oder im Umfeld von jeder Art von Gurus. Ein Beispiel mag dies verdeutlichen.

Für dich ist mir nichts zu viel

Ralph fühlt sich seinem Lehrer und Meister verpflichtet. Ihm hat er es zu verdanken, dass er sich traute, seinen bisherigen Beruf an den Nagel zu hängen. Durch ihn hat er eine neue Ausrichtung im Leben gefunden. Er erlebt mehr Freude und Befriedigung als je zuvor. Aus seiner Dankbarkeit heraus organisiert er schon seit Jahren Seminare, wenn sein Lehrer in die Schweiz kommt. Er ist auch verantwortlich für die Werbung, dafür, dass sich genügend Teilnehmer anmelden. Während der Tagungen ist er zuständig für die Infrastruktur, und er hält Unangenehmes von seinem Meister fern. All dies tut er ehrenamtlich. Lediglich für die Kosten der Werbung erhält er eine Entschädigung.

Ralph spürt zunehmend, wie viel Zeit und Energie ihn diese Tätigkeit kostet. Nach Geld hat er nie gefragt. Einmal hat er geäußert, dass ihm dies alles zu viel werde. Sein Lehrer gab ihm zu verstehen, er mache es ja ausgezeichnet und niemand könne ihn ersetzen.

Was bindet Ralph? Wie gesagt, er ist seinem Lehrer dankbar, und er idealisiert ihn. Dabei entwertet er sich selber, ohne es zu merken. Je mehr er seinen Meister zum König erhebt und sich selber zu seinem Sklaven macht, desto weniger wagt er, für sich selber einzustehen. Sicher, er verdankt ihm viel. Offenbar meint er noch immer, er stehe in der Schuld seines Lehrers. Wann hat er sie wohl abbezahlt?

Überverantwortlichkeit und Sexualität

Überverantwortliche Paare können ihre Sexualität am Anfang der Beziehung durchaus genießen. Die Anziehung durch das Neue, zu Entdeckende, Wundersame ist aufregend. Das Gefühl, begehrt zu werden, stimuliert und hebt die eigenen Begrenzungen auf. Zärtlichkeit hat Raum; Lust darf sich entfalten. Die inneren Spinnen- und Lasteseltiere scheinen zu schlafen. Wenn die Beziehung dauerhaft wird, melden sich allmählich die Anforderungen von außen wieder.

Am Anfang einer Beziehung scheinen die inneren Spinnen- und Lasteseltiere zu schlafen.

Pflichten warten, Sorgen tauchen auf. Sorgenspinne und Lastesel erwachen und machen sich breit. Die alten Leitsätze wie »Ich weiß, was für dich gut ist« oder »Ich sorge für dich« werden unmerklich auch in der sexuellen Beziehung wirksam. Eigene Wünsche und Bedürfnisse treten in den Hintergrund. Sie werden immer weniger wahrgenommen und ausgedrückt.
Erinnern wir uns an Max und Brigitt:

Brigitt steht ihrem Mann Max jederzeit zur Verfügung und geht mit ihm ins Bett, auch wenn sie lieber lesen oder schlafen möchte oder keine Lust hat auf Sex.

Anfänglich hatten Max und Brigitt eine lebendige sexuelle Beziehung. Ihre wieder erwachte Lastesel- und Spinnenhaltung führte dazu, dass beide es dem andern recht machen, ihn zufrieden stellen wollen. Eigene Wünsche unterdrücken sie, teilweise sind sie ihnen auch unbekannt. Sie wagen es nicht, sexuelle Fragen anzusprechen, darüber zu reden, dass ihre intimen Begegnungen nicht mehr lustvoll und vergnüglich sind. Ihre Sexualität ist am Absterben.
Der Grund dafür: In ihrer überverantwortlichen Haltung möchten sie einander schonen und Rücksicht auf die Gefühle des andern nehmen. Hinzu kommt, dass die familiären und beruflichen Pflichten mit den Jahren zugenommen haben. Brigitt und Max sind oft von allem, was sie übernehmen und meinen leisten zu müssen, völlig erschöpft. Ihre

Gedanken kreisen ständig um Aufgaben, Pflichten und Sorgen. Aus diesem Netz können sie nicht ohne weiteres ausbrechen.
Vielen Paaren ergeht es wie Brigitt und Max. Ihre sexuelle Beziehung ist eingeschlafen. Manchmal wird das hingenommen, »weil es eben so ist mit dem Alter und der Gewöhnung«. Manchmal führt es zum Aufbruch in andere Beziehungen, von denen man sich neue Impulse erhofft. Manchmal suchen Paare therapeutische Hilfe wegen »sexueller Störungen«. Im Laufe der Therapie stellt sich heraus, dass das Erlöschen der Sexualität Folge ihrer überverantwortlichen Lebenshaltung ist und kein ursächliches Problem darstellt.
Schauen wir uns genauer an, wie sich sexuelle Erregung im Körper aufbaut. Bereits beim sexuellen Vorspiel erhöht sich der Bedarf an Sauerstoff im Körper. Dies aktiviert die Atmung, damit das Blut mit Sauerstoff versorgt werden kann. Wir atmen tiefer und rascher. So kann sich sexuelle Energie aufbauen bis zum Höhepunkt, zum Orgasmus. Unmittelbar danach verändert sich die Atmung: Wir atmen langsamer und wechseln von der Brust- zur Bauchatmung. Parallel dazu entspannen sich die Muskeln. Überverantwortliche Menschen sind während der sexuellen Begegnung oft innerlich mehr beim Partner und lassen sich außer Acht. Dies schränkt sofort die Tiefe der Atmung ein, so dass kein voller Orgasmus erreicht werden kann. Durch gezielte Übungen können der Aufbau und das Halten von sexueller Erregung wesentlich verbessert werden.
In diesem Rahmen geben wir nur allgemeine Hinweise zum Thema Sexualität. Wir führen keine Beispiele an. Beziehungsgeschichten und sexuelle Verbindungen sind derart vielfältig, dass wir ihnen in diesem Zusammenhang nicht gerecht werden können.[4] Dennoch lässt sich etwas über die Verschiedenheit der Reaktionen von überverantwortlichen Männern und Frauen im Bereich der Sexualität aussagen.

Überverantwortliche Männer sind enorm verunsichert, wenn sich bei ihnen sexuelle Schwierigkeiten einstellen. Die erste Reaktion ist gewöhnlich die Sorge um die eigene Potenz. Dazu folgendes Beispiel:

Hans kommt wegen seiner Impotenz in eine therapeutische Beratung. Es stellt sich heraus, dass er sich von seiner Partnerin ausnützen lässt. Er gebärdet sich als ihr ergebener Diener. Ihm wird während einer Sitzung vorgeschlagen, mit seinem nicht zur Erektion bereiten Penis in einen Dialog zu treten.
Hans zu seinem Penis: »Was fällt dir ein? Du blamierst mich; ich muss mich schämen, weil du nicht mehr aufstehst. Reiß dich gefälligst zusammen!«
Penis (Hans gibt ihm eine Stimme): »Ich habe es satt, mich zusammenzureißen. Ich lasse mich nicht länger als Service-Anbieter benützen. Ich bin auch jemand, und solange ich nicht mehr Respekt bekomme, streike ich. Punkt.«

Die Antwort, die der Penis gibt, ist die Reaktion eines verborgenen, stummen Teils der Persönlichkeit von Hans. Dieser Teil hat es satt, den Diener seiner Partnerin zu spielen, er rebelliert. Über den streikenden Penis erfährt Hans, dass er seiner Partnerin gegenüber klarer für sich und seine Ansprüche einstehen muss. So kann der Penis vom unbotmäßigen Rebellen wieder zu einem lebendigen Teil seiner Persönlichkeit werden.
Wir behaupten nicht, dass nur überverantwortliche Männer sexuelle Probleme haben, und nicht alle überverantwortlichen Männer leiden an sexuellen Problemen; aber Männer, die es ihrer Partnerin allzu recht machen wollen, haben häufig Erektions- oder Ejakulationsstörungen.
Das Erleben einer erfüllten Sexualität beim Mann hängt nicht zuletzt vom Penis ab. Und dieser Penis, das wissen alle Männer, kann recht eigenwillig sein. Man könnte ihn vergleichen mit einem dreijährigen Kind in der Trotzphase. Oft will er nicht dasselbe wie sein »Besitzer«. Er kann sich erregt und erfreut melden, wenn dies seinem Träger über-

haupt nicht passt. Oder umgekehrt kann er sich schlaff und uninteressiert gebärden, wenn er aktiv und aufgestellt sein sollte. Er kann sich entleeren, bevor es sein Besitzer wünscht, oder stur seinen Inhalt zurückbehalten.

Wenn Kopf und Herz beim Mann nicht dasselbe wollen, wenn er sich im Übermaß für die Sexualität seiner Partnerin verantwortlich fühlt, so kann ihm sein Penis die verschiedensten Streiche spielen. Entscheidend ist auch hier das »Ganz bei dir – nicht bei mir«. Wenn ich bei mir bin, kann das Herz sich wirklich öffnen für die Partnerin.

Überverantwortliche Frauen suchen therapeutische Hilfe eher wegen Beziehungsproblemen, psychosomatischen Beschwerden oder weil sie sich antriebslos, freudlos und überfordert fühlen. Sexuelle Probleme stehen anfänglich nicht im Vordergrund. Wenn die Rede auf die Sexualität kommt, hört man folgende Klagen:

- Mein Partner/Mann ist zu schnell,
- die Zärtlichkeit kommt zu kurz,
- das Vorspiel/Nachspiel fehlt,
- er will ständig / er will nie Sex haben,
- er möchte erst Sex haben und dann Gespräche führen,
- ich möchte erst mit ihm Konflikte und Probleme besprechen und nachher Sex haben.

Diese Klagen wagen überverantwortliche Frauen ihrem Partner gegenüber nicht zu äußern. Sie übergehen ihre Bedürfnisse, um ihn zufrieden zu stellen wie Brigitt in unserem Beispiel. Brigitt ist gewöhnt, die Wünsche und Ansprüche ihres Mannes über ihre eigenen zu stellen. Damit macht sie sich zum verfügbaren Objekt. Manchmal erwacht beim intimen Zusammensein die Lust, allerdings sehr selten. Brigitt hat verlernt, darauf zu achten, ob und wann sie selber Lust verspürt. Sie hat die Verantwortung für die sexuelle Beziehung an ihren Mann abgegeben.

Sie selbst wagt nicht, klar Ja oder Nein zu sagen. Sie befürchtet, Max könnte verärgert reagieren. So macht ihr Körper nur halbherzig mit. Mit flacher Atmung, gespannten Muskeln und einem »Jein« im Herzen kann sich keine sexuelle Erregung aufbauen.

Dennoch: Auch die überverantwortliche Brigitt kann zu einem Orgasmus gelangen. Max und sie selber müssen aber wissen, dass sie, vor allem wenn sie durch ihre viele Pflichten gestresst ist, eine längere Aufwärmphase braucht. Das Paar kann zunächst etwas Gemeinsames tun und der nicht sexuellen Zärtlichkeit genügend Raum geben. So können sich beide gefühlsmäßig aufeinander einstimmen. Wenn Brigitt Raum für sich hat, kann sie ihre eigenen Impulse wieder spüren lernen und wagen, sie auszudrücken.

Überverantwortlichkeit erzeugt auch bei Frauen Einschränkungen im sexuellen Erleben: Wenn sie in erster Linie bestrebt sind, es ihrem Mann recht zu machen bis hin zu einem vorgetäuschten Orgasmus, geraten sie weg vom eigenen Empfinden. Der Preis dafür ist ein Verlust an Lebendigkeit und erfülltem Erleben.

Warum sind überverantwortliche Frauen manchmal sogar bereit, eine Geliebte ihres Mannes in Kauf zu nehmen? Abgesehen von Verlustängsten und Überlegungen wirtschaftlicher Art können tief sitzende Minderwertigkeitsgefühle, die Vorstellung, ihm nicht alles geben zu können, was er braucht, oder die Empfindung eigener körperlicher Mängel Gründe dafür sein. Im Gegensatz zu Männern glauben Frauen oft, ihr Körper sei schuld am erlahmenden sexuellen Interesse ihres Partners. Sie beklagen sich darüber, zu dick zu sein, ihr Busen sei zu groß oder zu klein und die Rundungen säßen am falschen Ort. Ihr Körper entspricht nicht dem Idealbild, wie es ihnen täglich aus Illustrierten und dem Fernsehen entgegenkommt. Sie meinen, es aushalten zu müssen, dass ihr Mann eine Beziehung zu einer anderen Frau unterhält, weil diese in ihrer Vorstellung bestimmt jünger, schöner, straffer ist als sie selbst.

Manchmal reißt aber auch Überverantwortlichen der Geduldsfaden. Wir treffen öfters Frauen an, die sich nach jahrelangem aufopferndem Dienst an Ehemann und Familie auflehnen und kategorisch sagen: »So nicht mehr, nicht mehr mit mir!« Bücher, Interviews und Gespräche mit Freundinnen unterstützen sie darin, besser für sich einzustehen und »Nein« sagen zu lernen. Das ist an sich eine gesunde Reaktion. Einige Frauen bleiben jedoch in ihrem Neinsagen stecken, auch in der Sexualität. Natürlich hätten sie gerne eine erfüllte sexuelle Beziehung, aber das Nein zu dem, was sie als Ausbeutung und Übergangenwerden empfinden, ist ihnen wichtiger. Sie bezahlen lieber den Preis, mit ihrem Partner ohne Sexualität zu leben. Dieser Zustand kann durchaus Signalwirkung haben und den Partner dazu bringen, sich seinerseits um eine Veränderung in der Beziehung zu bemühen. Tatsächlich müssen oft alte Verletzungen verarbeitet, destruktive Verhaltensweisen auf beiden Seiten abgebaut und wünschbare erlernt werden, um eine neue Basis für die sexuelle Beziehung zu schaffen.

Überverantwortlichen fällt es schwer, ein Unbehagen in der sexuellen Beziehung anzusprechen.

Was macht es Überverantwortlichen so schwer, beizeiten über ein Unbehagen in der sexuellen Beziehung zu sprechen? Täuschen wir uns nicht, diese Schwierigkeit haben wir alle mehr oder weniger. Wir sind alle sehr verletzlich in unserer Nacktheit und Körperlichkeit, im Einander-Ausgesetztsein und Sich-Nahekommen. Es braucht Mut, dem Partner die eigenen Bedürfnisse, Vorlieben und Phantasien mitzuteilen und seine Reaktionen entgegenzunehmen. Dabei müssen wir eine Schwelle überschreiten, die mit der Angst zusammenhängt, mit unseren Bedürfnissen und Be-

sonderheiten, die vielleicht für uns selbst nicht leicht zu akzeptieren sind, nicht angenommen zu werden.
Überverantwortliche sind für diese Ängste besonders anfällig. Sie möchten niemanden verletzen, keine Kritik herausfordern, Auseinandersetzungen und Konflikte ausklammern. Sie hoffen, mit Entgegenkommen und Nachgiebigkeit das, was ihnen Angst macht, vermeiden zu können.
Mit dieser Vermeidungsstrategie geht etwas Zentrales in der Beziehung verloren: Dynamik, Lebendigkeit und Angriffslust. Das lebendige Gegenüber, das Wider-Stand und Herausforderung anbietet, verschwindet immer mehr. Dies wirkt sich auf allen Ebenen aus. Für die Sexualität hat es fatale Folgen, sie kann dadurch zur faden, unattraktiven Angelegenheit verkommen.
Möglicherweise ist beim Lesen dieses Kapitels der Eindruck entstanden, dass wir zu schwarz malen. Vielleicht wird die Meinung laut: Das gibt es doch in jeder Beziehung; Zeiten, wo die Sexualität zurücktritt oder die sexuelle Beziehung flauer wird. Das ist unbestritten. Jede Beziehungskrise, jede Lebens- und Entwicklungsphase hat ihre Auswirkungen auf die Sexualität eines Paares. Überverantwortlichkeit ist aber wie eine Zwangsjacke. Sie lässt uns keine Wahl. Wir müssen den Partner zufrieden stellen, oft ohne uns nach seinen Wünschen zu erkundigen, wie in der Anekdote von der Semmel:

Ein Paar feiert den 30. Hochzeitstag. Die beiden sitzen beim Frühstück. Die Gattin schneidet eine Semmel entzwei und reicht ihrem Mann die obere Hälfte mit den Worten: »Nimm, das hast du ja so gern!« Er, zögernd: »Hm, hm, meine Liebe, was ich schon immer sagen wollte, eigentlich bevorzuge ich die untere Hälfte!« Sie darauf ärgerlich: »Warum sagst du das nicht früher? Ich hätte schon immer gern die obere Hälfte gehabt.«

Die Zwangsjacke ablegen bedeutet, wählen zu können, was und wie viel ich dem andern zu geben bereit bin, und nachfragen, was er denn wirklich wünscht und erwartet.

Langfristige Beziehungen

Der Rausch verfliegt

Jede Beziehung wandelt sich im Laufe der Zeit. In den Rausch der Verliebtheit, wo wir die großen und tiefen Gefühle erleben, kriecht mehr und mehr der Alltag. Früher oder später bekommt unser Idealbild Risse. Wir entdecken Unvollkommenheiten an der/dem Geliebten. Auch unser eigener Schatten meldet sich: Wir tragen nicht mehr täglich unser Sonntagsgesicht.

Je größer die Idealisierung war, desto herber ist die Enttäuschung im Alltag. Je mehr Wünsche und Erwartungen ich mit dem geliebten Menschen verknüpft habe, desto schlimmer ist der Kater, wenn ich aus dem Rausch erwache und hinter dem Idealbild der Mensch in seinen realen Proportionen erscheint. Es kann uns dann passieren, dass die Ent-Täuschung unverhältnismäßig groß ist. Wir vermögen dann nur noch das Negative zu sehen, und statt des Idealbildes blickt uns eine Fratze entgegen. Sie entspricht ebenso wenig dem wirklichen Menschen wie das Bild des Prinzen. Am Ende verabscheuen wir sogar das, was uns zu Beginn angezogen hat. Aus der Bewunderung für die Gelassenheit des Partners kann ein giftiges »Was bist du nur für ein Langweiler!« werden. Harmlose Angewohnheiten regen uns auf. Wir werden allergisch und können es nicht mehr ausstehen, wenn der Partner krachend in einen Apfel beißt oder die Partnerin ihre Fingernägel mit der Feile bearbeitet. Viele Beziehungen zerbrechen in diesem Moment.

Wenn ein Paar die kritische Phase der Ent-Täuschung übersteht, das Verfliegen und Zerreißen der rosigen Schleier aushält und sich entscheidet, zusammenzubleiben und auch den Alltag zu teilen, entwickeln sich zwischen den beiden typische Reaktionsmuster. Wir können sie mit einem Ballspiel vergleichen: Ich werfe meinem Gegenüber einen Ball zu. Je nachdem, wie er ankommt, erhalte ich ihn zurück. Ein geworfener Ball kann scharf zurückkommen oder schwach; immer erhalte ich den Ball in Reaktion auf die Art, wie ich ihn geworfen habe. Damit ist noch nichts über die Qualität des Ballspiels gesagt: Partner können sich in ihren Reaktionen ausbalancieren. Ein rasch und scharf schießender Ballpartner kann mit einem bedächtigen zusammentreffen, und es kann sich ein lebendiges Spiel entwickeln. Zwei verstimmte, gestresste Partner können einander aufschaukeln, bis Kleidungsstücke und Tassen fliegen. Ein Teufelskreis kann sich entwickeln. Wie gestaltet sich das Ballspiel bei überverantwortlichen Partnern?

Überverantwortliche halten am Traum fest

Sie bleiben am Ball, auch wenn das Spiel längst langweilig geworden ist. Dass es keinen Spaß mehr macht, wagen sie sich nicht einzugestehen. Es kann Jahre dauern, bis Enttäuschungen in der Beziehung voll wahrgenommen werden. Lastesel- und Sorgenspinnenmenschen überspielen Konflikte und unangenehme Gefühle. Sie harren aus in der Hoffnung, dadurch die Harmonie zu erhalten und das Angenommensein durch den Partner nicht zu gefährden. Beruf und Kinder nehmen sie voll in Anspruch. Sie sind ausgelaugt und merken es nicht. Ein alter Brunnenspruch sagt: »Was für ein schönes Leben – immer nur geben und geben!« Ein stimmiger Satz für einen Brunnen, der laufend von seiner Quelle gespeist wird.
Überverantwortliche, die dem Partner/der Partnerin alles zu geben versuchen, werden aber leer und leerer bis zur Erschöpfung. Ermüdung kommt auf, Unzufriedenheit darüber, wie wenig man selber bekommt – besonders, wenn man dem andern dauernd gibt, was man selbst nötig hätte.

Das Gefühl des Lastesels, ständig den Karren zu ziehen, und der Sorgenspinne, für alles zuständig zu sein, macht sie verdrossen. Die Befriedigung, den Partner glücklich machen

Lieber die Anstrengungen verdoppeln, als sich eingestehen, dass die Beziehung in einer Krise steckt.

zu können, schwindet, das Leben wird glanzlos, die Haltung vorwurfsvoll, sogar grollend. Gespräche versiegen, die sexuelle Beziehung schläft ein, Langeweile macht sich breit. Überverantwortliche Menschen versuchen, ihr Bild einer idealen Beziehung aufrechtzuerhalten. Eher verdoppeln sie ihre Anstrengungen, als sich einzugestehen, dass die Beziehung in einer Krise steckt, obwohl die Signale dafür da sind, wie z.B. chronische Erschöpfung, Lustlosigkeit, Verstimmung oder Unzufriedenheit. Dazu zwei Beispiele:

Ich kann dir nicht mehr zuhören

Helen und Hans sind seit 15 Jahren miteinander verheiratet. In gemeinsamen Gesprächen hat Hans seit einiger Zeit zunehmend Schwierigkeiten, Helen zuzuhören. Er merkt, dass seine Gedanken unwillkürlich abschweifen, er ist überall, nur nicht bei dem, was Helen sagt. Helen ihrerseits bemerkt seine innere Abwesenheit. Sie strengt sich doppelt an, um die Aufmerksamkeit von Hans zu erlangen, indem sie lauter und rascher spricht.

Dass Hans Helen nicht mehr zuhören kann, deutet auf Ermüdungserscheinungen in der Beziehung hin. Dies ist nichts Außergewöhnliches nach jahrzehntelangem Beisammensein. Überverantwortlichkeit kommt dann ins Spiel, wenn keiner der Partner wagt, darüber zu sprechen, im Bestreben, den andern zu schonen.

Wo Konflikte zu lange unter den Teppich gekehrt werden, bahnt sich untergründig eine Krise an. Der Traum von Lea verdeutlicht dies:

Da ist der Wurm drin
Lea hebt in ihrer Wohnung einen Teppich an und entdeckt mit Grausen, dass es darunter von Würmern wimmelt.

Offenbar hat Lea schon lange nicht mehr unter den Teppich geschaut. Und unter ihrem Teppich gibt es anscheinend Nahrung für Würmer, so dass sie sich ungestört vermehren können. In Wirklichkeit ist Lea sehr ordentlich. Würmer unter dem Teppich haben bei ihr nichts mit hausfraulicher Schlamperei zu tun. Was kann der Traum also in Bezug auf Leas Situation bedeuten? Lea und ihr Mann haben außer ihren heranwachsenden Kindern seit mehreren Jahren kaum mehr etwas gemeinsam. Persönliche Gespräche sind versiegt, die sexuelle Beziehung ist eingeschlafen. Die Probleme in der Partnerschaft sind buchstäblich unter den Teppich gekehrt worden. »Der Wurm« steckt in der Beziehung. Nahrung für die Würmer sind all das Unausgedrückte, Entzweiende, Lähmende, die damit verbundenen Gefühle von Enttäuschung und Wut; alles, was Lea »wurmt«. Würmer sind in diesem Traumbeispiel auch Parasiten, die am Lebenssaft saugen und die Beziehung allmählich entleeren. Wenn Lea ihren Traum ernst nimmt, kann er sie aufrütteln und sie dazu bringen, ihrem Mann mitzuteilen, wie es ihr in Wirklichkeit geht und was ihr fehlt.
Oft zwingt aber erst ein Paukenschlag dazu, sich mit der Situation ernsthaft auseinander zu setzen. Mögliche »Paukenschläge« sind: eine außereheliche Beziehung, Depressionen, Auffälligkeiten bei den Kindern, Suchterscheinungen (auch Arbeitswut gehört dazu) oder Krankheiten. Ein Beispiel:

Rosmaries Mann verlässt sie nach dreißigjähriger Ehe von einem Tag auf den andern mit der Begründung, er habe eine neue Beziehung gefunden, die er leben möchte.
Rosmarie ist fassungslos und verzweifelt. Sie klagt: »Was habe ich all die Jahre für ihn getan, mich angepasst und nachgegeben, nicht an mich gedacht – und jetzt geht er, Knall auf Fall! Warum nur, warum?«

Rosmarie ergeht es wie vielen Frauen, die über Jahre und Jahrzehnte hinweg sich uneigennützig für ihre überlasteten oder depressiven Ehemänner eingesetzt und sich selbst hintangestellt haben. Ihr Schmerz, ihre Wut und ihre Enttäuschung sind sehr verständlich. Dennoch wagen wir die Frage zu stellen: War vielleicht gerade ihre Selbstlosigkeit, ihre über alles gestellte Anpassung mitverantwortlich für die abrupte Trennung?

Wenn Beziehungen gelingen

Beziehungen zwischen Überverantwortlichen sind keineswegs von vornherein zum Scheitern verurteilt. Sie können sich oft zu lebenslangen guten Partnerschaften entwickeln. Gerade die Fähigkeit, in dürren Zeiten auszuharren, hilft Sorgenpinnen- und Lasteselmenschen, Krisen durchzustehen. Die folgenden drei Beispiele zeigen Paare, denen es gelingt, sich so auf ihre langjährige Beziehung einzustellen, dass die Partnerschaft für beide lebbar wird. Zunächst greifen wir auf die Geschichte von Maria zurück.

Ich bin deine aufmerksame Dienerin
Maria leidet an schweren Schlafstörungen. Außerdem ist ihr Blutdruck erhöht. In der Beziehung zu ihrem Partner tut sie alles, um Konflikte zu vermeiden. Sie versucht, ihren aufbrausenden Mann nicht zu reizen, und glättet Wogen, so gut es geht. Sie richtet sich ganz nach seinen sexuellen Erwartungen.
Außerhalb ihrer Familie kann sie durchaus ihre Bedürfnisse spüren und für sich selber sorgen, aber in der Beziehung zu ihrem Mann gerät sie unwillkürlich in die Rolle der aufmerksamen Dienerin, die ihn mit Samthandschuhen anfasst.

Maria will mit ihrem Partner zusammenbleiben; sie liebt ihn nach wie vor. Das bedeutet, sie muss ihn so annehmen, wie er ist. Was sie verändern kann, ist ihre eigene Einstellung. Was heißt das? Sie muss lernen, mit seinen Wutausbrüchen anders umzugehen, indem sie rechtzeitig erkennt, wenn sich Spannungen aufbauen, und vermeiden, Öl ins Feuer zu gießen. Weiter muss sie sich besser abgrenzen lernen. Sie darf weggehen, wenn er beginnt, sie zu entwerten. Mit ihm zusammen kann sie in einer ruhigen Stunde besprechen, wie sich beide verhalten wollen, wenn wieder eine nächste Explosion droht oder nachdem sie sich ereignet hat. Und ihr Mann? Im Gespräch merkt er vielleicht, dass er seine Frau als Blitzableiter für Ärger und Enttäuschungen benützt, die nichts mit ihr zu tun haben.

Heute lässt sich Maria nicht mehr zum Opfer machen. Sie sorgt besser für sich selbst. Sie erwartet nicht mehr alles von ihrem Ehemann, sondern stellt sich auf das ein, was er ihr geben kann. Dies entlastet die Beziehung, da ein Partner nie all unsere Wünsche und Bedürfnisse abdecken kann.

Eine besondere Herausforderung für jede Beziehung ist eine schwere Erkrankung des Partners/der Partnerin.

Mir darf es gut gehen, auch wenn du leidest

Armin und seine Frau Annemarie sind seit 20 Jahren verheiratet. Vor drei Jahren erkrankte Annemarie an Krebs. Armin berichtet: »Bis vor kurzem ging es mir immer genau gleich wie meiner Frau. Wirkte eine Behandlung und schöpfte sie Hoffnung, so ging es uns beiden gut. Erlitt sie einen Rückfall, waren wir beide deprimiert und verzweifelt. Seit kurzem ist es möglich, dass es mir gut geht, auch wenn sie eine gesundheitliche Krise durchstehen muss. Natürlich nehme ich Anteil, aber es reißt mich nicht mehr mit ihr zusammen in ein Loch. Ich halte es aus, dass es mir gut geht, auch wenn sie leidet. Ich kann besser für mich sorgen als früher. Ich erlebe es als Geschenk, dass es sie erleichtert, wenn ich mich gut fühlen kann, obwohl sie leidet. Sie kann mir dies zugestehen. Sie könnte es ja als Verrat, als Herzlosigkeit empfinden. Nein, es befreit sie von Schuldgefühlen. Unsere Beziehung ist liebevoller geworden.«

Beide haben einen Entwicklungsschritt gemacht. Armin hat gemerkt, dass es seiner Frau nicht wirklich hilft, wenn er alle Höhen und Tiefen, die sie erlebt, ihre Hoffnungen und Ängste ganz mitvollzieht. Seine Frau spürt, dass er innerlich bei ihr sein und dennoch gut für sich selber sorgen kann. So wagt sie eher, ihm ihre eigenen Gefühle anzuvertrauen. Sie weiß, er hält sie aus, ohne selbst abzustürzen. Eine innige Bezogenheit ist entstanden. Annemarie hat die Gewissheit: Ihr Mann begleitet sie, ob sie ihre Krankheit überstehen oder ihr erliegen wird.
Im dritten Beispiel berichten wir von der geglückten Beziehung zweier älterer Menschen mit Lasteselnatur.

Ich bin froh um dich, und ich trage meine Last selbst
Maya und Mirko haben einander kennen gelernt, als sie beide in einer persönlichen und beruflichen Krise steckten. Maya war verwitwet, kinderlos und sehr einsam. In ihrem Beruf belastete sie sich stets mit den Sorgen anderer. Mirkos berufliches Umfeld war geprägt von Intrigen und Machtspielen. Er war großem Druck ausgesetzt und spürte, wie er im Betrieb mehr und mehr ins Abseits geriet. Er ist ein Mensch, der sich für andere aufopfert.

Maya und Mirko sind einander als reife Menschen begegnet. Beide wissen, dass sie im Leben oft zu kurz gekommen sind. Sie erwarten aber voneinander nicht, dass alle ihre Bedürfnisse gestillt werden. Sie suchen im Partner nicht den Retter. Gewiss, sie sind froh um einander. Sie betrachten es als Glücksfall, dass sie einander begegnet sind. Die gemeinsam erlebte Zeit ist für sie kostbar, gerade weil sie sich nicht mit den Problemen des andern beladen.
In unseren Beispielen wird deutlich, was dazu beiträgt, dass Beziehungen auf Dauer gelingen. Trotz ihrer Überverantwortlichkeit konnten die erwähnten Paare eine tragfähige Beziehung entwickeln. Was erweist sich dabei als hilfreich?

- Den Partner annehmen, wie er ist und seine Schattenseiten aushalten,

- übertriebene Erwartungen zurücknehmen; annehmen, was er geben kann,
- einen eigenen Standpunkt entwickeln,
- das Gespräch suchen, Konflikte ansprechen,
- sich nicht bemühen, stets dieselben Gefühle zu haben wie die Partnerin/der Partner,
- an den Problemen des andern teilnehmen, ohne sie für ihn lösen zu wollen,
- ertragen, wenn sie/er die Probleme nicht lösen kann,
- die Verantwortung für die eigenen Probleme übernehmen.

Wege aus der Überverantwortlichkeit

Wie die Sorgenspinne zur Ruhe kommt und der Esel seine Last abwirft

In den bisherigen Kapiteln haben wir viele Beispiele angeführt, in denen Überverantwortlichkeit zum Ausdruck kommt. Es sind alltägliche Begebenheiten, die uns wahrscheinlich an Freundinnen oder Bekannte erinnern. Wichtiger ist: Wo erkenne ich mich selbst? Daraus folgt die Frage: »Und wie löse ich mich aus der Verstrickung?«

Wie löse ich mich aus der Verstrickung?

Dazu gehört zunächst, dass ich anerkenne: Ich bin ein Spinnen-, ein Lasteselmensch. Diese Einsicht ist unangenehm. Ich muss zugeben, ich verhalte mich wie ein Hamster in der Tretmühle. Ich trete auf der Stelle, kann nicht aussteigen und frage mich: »Ist das nun mein Leben? Ist das alles? Ist es das, was ich eigentlich will?« Und: »Wer bin ich wirklich?«

Mit diesen Fragen suchen viele überverantwortliche Menschen therapeutische Hilfe. Sie erwarten dann rasche Veränderungen, wenn möglich, den »großen Durchbruch«. Sie wollen ihre Überverantwortlichkeit ein für alle Mal loswerden. Wenn Patentlösungen und Erfolgsrezepte ausbleiben, sind sie enttäuscht. Lastesel- oder Sorgenspinnenmenschen können sich nicht von heute auf morgen von der Überverantwortlichkeit befreien. Die Sorgen lassen sich nicht abstreifen wie ein schadhaftes Hemd. Verhaltensweisen, die uns zur zweiten Haut geworden sind, können wir nur langsam verändern.

Im Märchen begegnen wir dem Motiv des Tierbräutigams. Ein Prinz ist in ein Tier verzaubert worden: Er trägt eine Tierhaut, verhält sich aber wie ein Mensch. Nachts kann er sie ablegen, wenn er sich geschützt und geliebt weiß. Erst, wenn die Zeit reif ist, wird er Mensch. Die Zeit muss reif sein für Häutungen. Endgültig werden wir unsere zweite Haut, die Überverantwortlichkeit, nicht los. Immer wieder – hoffentlich immer seltener – schlüpfen wir gewohnheitsmäßig hinein. Nur: Dann merken wir es und wissen, wie wir wieder herauskommen.

Der Weg aus der Überverantwortlichkeit lässt sich mit einer Reise vergleichen. Ein altes Sprichwort sagt: »Die längste Reise beginnt mit dem ersten Schritt.« Der Schritt darf klein sein. Wir dürfen Pause machen. Weitere Schritte können folgen. Jeder Schritt zählt. Es gibt allerdings keinen vorgegebenen Weg. Wir können auf Irrwege und in Sackgassen geraten. Deshalb tun wir gut daran, uns für diese Reise mit Mut, Geduld und Wohlwollen auszurüsten. Mut zur Langsamkeit, Geduld im scheinbaren Stillstand, Wohlwollen uns selber gegenüber, wenn wir entmutigt oder ermüdet sind.

Die eigene Überverantwortlichkeit erkennen

Wenn wir nach Wegen aus der Überverantwortlichkeit suchen, stellt sich uns die zentrale Frage »Wie merke ich, dass ich überverantwortlich bin«? Dies kann auf verschiedene Weise geschehen. Zunächst zwei Möglichkeiten, wie wir von außen darauf hingewiesen werden.

Lebenskrisen

Oft werden wir unfreiwillig auf unsere Überverantwortlichkeit gestoßen. Eine tiefe Lebenskrise, beispielsweise die Trennung von einem Partner/einer Partnerin, oder eine schwere Krankheit zwingt uns, innezuhalten und uns darauf zu besinnen, wer wir sind und wie wir mit unserem Leben umgehen. Es kann uns vorkommen, als ob uns hinterrücks ein Bein gestellt würde. Wir stolpern und werden unsanft aufgerüttelt.

Eine solche Erfahrung macht Rosmarie, als ihr Mann sie nach dreißigjähriger Ehe völlig unerwartet verlässt. Das Ereignis wirft sie völlig aus der Bahn. Ihre Welt bricht zusammen. Es dauert lange, bis sie imstande ist, sich zu fragen: »Habe ich vielleicht gerade mit meiner ›Ich-tue-alles-für-dich-Haltung‹ zum Bruch beigetragen?«

Ehrliche Rückmeldungen

Manchmal haben wir das Glück, dass ein unbestechlicher Freund uns rückhaltlos mitteilt, wie unangenehm er unsere überverantwortliche Haltung empfindet. Wir bekommen dann zu hören, wir seien einengend, kontrollierend und wirkten unecht. Das mag so schmerzhaft sein wie ein Tritt aufs Hühnerauge. Dennoch: So verletzend solche Rückmel-

dungen im Moment für uns sind, wenn sie ehrlich sind, können sie uns weiterhelfen.
In dem Beispiel aus dem sechsten Kapitel hatte Max das Gefühl, einen kühlen Fisch zu umarmen. Er könnte seine Frau direkt fragen: »Brigitt, was ist los? Ich habe den Eindruck, du bist vollkommen unbeteiligt, wenn wir Liebe machen. Was stört dich an mir?« Dies klingt allerdings einfacher, als es ist. Wenn man ein halbes Leben lang über Schwierigkeiten in der Beziehung geschwiegen hat, ist es nicht leicht, plötzlich Worte zu finden.
Auch für Balthasar (vgl. 1. Kapitel) gäbe es einen Weg. Seine Mutter liegt im Alters- und Pflegeheim. Nach einer Grippe spürt sie, wie schwach sie ist. Sie denkt an ihren Tod und möchte mit ihrem Sohn darüber reden. Balthasar aber weicht aus. Die Mutter wird allen Mut zusammennehmen müssen, um nochmals auf ihr Anliegen zurückzukommen: »Balthasar, ich bin enttäuscht. Ich wollte mit dir über Dinge sprechen, die mich zutiefst beschäftigen. Du weichst mit deinen oberflächlichen Floskeln aus.« Damit riskiert sie, ihn so zu treffen, dass er sich vollends in sein Schneckenhaus zurückzieht. Es ist aber auch möglich, dass ihre Worte ihm helfen, sich zu öffnen.

Träume

Träume können uns unbestechlich mitteilen, wie es um uns steht. Sie stellen unsere Situation oft überdeutlich, fast grotesk dar. Manchmal bringen sie auch Hinweise auf Lösungen und Auswege. Es kann uns hinterher wie Schuppen von den Augen fallen. Wenn sie rätselhaft wirken, müssen wir uns länger mit ihnen beschäftigen, bis sie ihren Sinn enthüllen. Manchmal lassen sie sich auch nicht oder nur teilweise entschlüsseln. Dazu einige Beispiele. Erwin, 30 Jahre, träumt:

Jemand hält mir ein Mikrophon hin. Ich sollte eine Frage beantworten.

Beim Erwachen hat er keine Ahnung, weshalb und wofür. Während der Therapiestunde phantasiert er, welche Frage er hätte beantworten sollen. Die Frage lautet: »Wie geht es dir?«
Daraufhin erhält er die Anregung, sich täglich nach dem Erwachen zu fragen: »Wie geht es mir heute Morgen?« Erwin macht dabei eine erstaunliche Erfahrung: Zwar merkt er, ob es ihm gut geht, aber für seine übrigen Befindlichkeiten hat er kein Gefühl.

Die Schwierigkeit, etwas anderes wahrzunehmen als »Es geht mir gut«, hängt mit Erwins Kindheit zusammen. Als überverantwortliches Kind hat er für seine Familie den Sonnenschein gespielt. Diese Aufgabe konnte er nur in heiterer Stimmung erfüllen; deshalb gewöhnte er sich an, alle andern Gefühle auszublenden.

Sandra, 47 Jahre, träumt:
Ich begegne einer Freundin aus der Mittelschulzeit. Im Traum ist sie ca. 20 Jahre alt und zusammen mit Primarschülern unterwegs zur Schule. Auf ihrer Schultasche steht ein Satz mit einem eindeutigen Rechtschreibfehler. Ich weise die Freundin auf den Fehler hin. Sie erwidert: »Den Satz habe ich selbst geschrieben, und den Fehler habe ich absichtlich gemacht.« Sandra erwacht erstaunt.

Diesen Traum könnten viele Überverantwortliche geträumt haben. Jede(r) kann sich fragen: »Was heißt es für mich, Fehler zu machen, zu Fehlern stehen zu können?«

Was heißt es für mich, Fehler zu machen?

Junge Eltern beispielsweise kann ein solcher Traum entlasten: Müssen sie wirklich perfekt sein? Dürfen sie sich erlauben, Fehler zu machen, unvollkommen zu sein? Auch

ein überverantwortlicher älterer Mensch träumt vielleicht Ähnliches. Was heißt dies für ihn? Offenbar lebt in ihm ein junger, lernfähiger Anteil, im vorliegenden Traum durch eine junge Erwachsene und Schulkinder verkörpert. Ihnen gilt es vermehrt Aufmerksamkeit zu schenken mit der Frage »In welchem Lebensbereich kann ich unbefangen, spielerischer werden, darf ich mir Fehler erlauben«?
Träume zeigen oft krasse Gegensätze zu bewussten Einstellungen. Sandras Freundin in diesem Traum macht absichtlich einen Fehler. Sandra selbst ist eine übergenaue, pflichtbewusste Frau. Ihr Traum enthält wohl kaum die Einladung, absichtlich Fehler zu machen wie die Schulfreundin. Sie darf aber lockerer werden und fünf gerade sein lassen.

Benedikt, 55 Jahre, träumt:
Ein Freund bittet mich, in seinem Fußballteam für einen erkrankten Spieler einzuspringen. Ich sage ohne Zögern zu. Erst hinterher kommen mir Bedenken, ob ich nach meiner Knieoperation als Mittelstürmer noch geeignet bin. Da taucht der Trainer des Teams auf. Er sieht merkwürdig aus, fast wie ein Kobold, und sagt zu mir: »Ich will zuerst die Mannschaft fragen, ob sie mit dir einverstanden ist.« Bald kommt er zurück: »Das Team möchte nicht, dass du mitspielst.« Darauf antworte ich mit Bestimmtheit: »Dann ziehe ich mich selbstverständlich zurück.«

Nach dem Erwachen ist Benedikt erstaunt über seine klare Reaktion im Traum. Er denkt darüber nach und merkt, dass er die Seite in sich selber kennt, die immer noch vorwärts stürmen will, über die Grenzen seiner Leistungsfähigkeit hinaus. Dieser Anteil möchte auch dem Freund spontan einen Gefallen erweisen. Die leise Stimme der Vernunft weist auf sein Alter und seine körperliche Einschränkung hin. Erst der Trainer und die Mannschaft geben ihm klar zu verstehen, wo seine Grenzen liegen. Als Spieler hätte er dem Fußballteam kaum genützt, sich selber aber Schaden zugefügt.
Auf Bitten um Unterstützung gehen Überverantwortliche ein, ohne zu überlegen. Hinterher merken sie, dass sie ihre

Kräfte überschätzt haben. Im Traum bringen koboldartige Figuren oft schonungslos eine unangenehme Wahrheit ans Licht und rücken die verzerrte Sichtweise zurecht.

Achtsames Wahrnehmen

Wir haben bis jetzt drei Möglichkeiten beschrieben, wie wir merken können, dass wir im Programm der Überverantwortlichkeit gefangen sind. Auf Krisen haben wir keinen direkten Einfluss. Sie rütteln uns wach. Wir können aber auch daran zerbrechen. Für den Wink mit dem Zaunpfahl von aufrichtigen Freunden und für die Botschaften unserer Träume können wir uns offen halten.

Eine vierte Möglichkeit erschließen wir uns selbst durch bewusstes Üben. Sie besteht im achtsamen Wahrnehmen von Signalen, die wir sonst unterdrücken oder überhören. Diese Signale treten als Körperempfindungen auf, als kaum wahrnehmbare Gefühlsregungen oder als vorbeihuschende, schwer fassbare Gedanken. Es kann sich auch um leise, innere Stimmen handeln, die uns etwas anderes durchgeben als die Leitstelle der Überverantwortlichkeit.

Durch achtsames Wahrnehmen fangen wir an zu merken, dass wir zum Beispiel dauernd angespannt sind, ständig unter Druck stehen oder uns ausgelaugt und leer fühlen. Wir müssen uns eingestehen, dass wir in gereizter Stimmung sind, was vor allem unsere Familie zu spüren bekommt. Vielleicht vernehmen wir auch ein untergründiges Flüstern in uns: »Mir ist alles zu viel. Ich möchte weg. Lasst mich endlich alle in Ruhe.«

Achtsames Wahrnehmen wird zu unserem ständigen Begleiter auf dem Weg aus der Überverantwortlichkeit. Ohne die Anzeichen wahrzunehmen, die darauf hindeuten, dass wir uns mit unserer Sorgenspinnen- oder Lasteselhaltung überfordern, können wir nichts daran ändern.

Die Brille der Überverantwortlichkeit

Wir haben mehrmals erwähnt, dass überverantwortliche Menschen nicht ganz aufrichtig wirken. Sie sind deswegen keine Schwindler, aus ihrer Optik nehmen sie sich und ihre Mitmenschen jedoch in veränderten Proportionen wahr: je nach Situation überhöht oder geschrumpft. Ihre Brillengläser verleihen der Umgebung einen rosa Schimmer, oder sie legen einen grauen Schleier darüber. Überverantwortliche verharmlosen, beschönigen, machen sich selber klein und wertlos, schmeicheln und hofieren anderen. Dies geschieht ohne Täuschungsabsicht. Und doch wirkt es unecht. Wieder stellt sich die Frage: Wann trage ich die Brille der Überverantwortlichkeit? In welcher Weise verzerren die Gläser die Wirklichkeit?

Sie vergrößern mich selber. Ich habe das Gefühl »Ich bin absolut unentbehrlich. Ohne mich geht gar nichts. Nur ich kann helfen.« Diese Wirkung der Brille ist schwierig wahrzunehmen. Diese Sätze können so zur eigenen Überzeugung geworden sein, dass wir den übertriebenen Anspruch darin nicht erkennen.

Sie verkleinern mich. Wenn ich mich sagen höre: »Wie geschickt du bist – ich bin halt tollpatschig, ich brächte das nie fertig« oder: »Toll, dein schickes Kleid – ich bin wirklich nie so elegant angezogen«, können wir sicher sein, dass wir die Verkleinerungsbrille auf der Nase sitzen haben. Andern ein Kompliment machen können wir, ohne uns selbst zu entwerten.

Sie tauchen die Welt in Rosa. In diesem Fall spiele ich mit mir und andern »Sonntag«. Ich strahle ständig, bin überfreundlich, angespannt, versuche allen alles recht zu machen. Konflikte existieren nicht. Oberstes Ziel ist Harmonie. Ich will das Gefühl haben zu gefallen und überall akzeptiert zu sein. Am besten merke ich, dass ich die rosarote Brille trage, wenn ich auf meinen Mund achte. Es kann sein, dass er in einem Dauerlächeln verharrt.

Sie machen mich zur grauen Maus. Eine Spielart des Verkleinerns. In diesem Fall weise ich auf meine Bedeutungslosigkeit hin mit Sätzen wie »Ach, das ist nicht der Rede wert, eine solche Kleinigkeit. Nein, der Kuchen ist wirklich nichts Besonderes. Dieses Kleid trage ich schon seit zehn Jahren.«

Wenn ich mich so reden höre, lohnt sich die Frage »Meine ich wirklich, was ich sage? Bin ich nicht heimlich stolz auf meine Backkünste oder mein hübsches Kleid und wage es nicht zuzugeben?«

Das Unterscheidenlernen, welche Brille wir im Moment tragen, bedeutet mühsame Kleinarbeit und gelingt oft nicht im ersten Anlauf. Sehen wir uns nochmals zwei Beispiele aus früheren Kapiteln an.

Schau, was ich alles für dich tue

Bernhard holt Renate vom Bahnhof ab und besteht trotz seiner Rückenschmerzen darauf, ihre schwere Tasche zu tragen.

Bernhard ist weit davon entfernt, seine Überverantwortlichkeit zu erkennen. In Bezug auf sich selbst trägt er eine rosa Brille: Er verharmlost seine Rückenschmerzen. Er vergrößert sich selber, indem er sich zum tragfähigen Helden und tadellosen Kavalier macht. Renate dagegen verkleinert er: Als schwache Frau ist sie außerstande, ihre Tasche selbst zu tragen.

Auch Balthasar beschönigt die Situation.

Er besucht seine betagte Mutter im Alters- und Pflegeheim. Die Mutter: »In letzter Zeit fühle ich mich oft schwach. Ich mag kaum aufstehen. Das Essen schmeckt mir nicht mehr, ich habe auch keinen Appetit. Weißt du, ich lebe wohl nicht mehr lange.« Balthasar: »Ach was, es geht dir doch schon viel besser. Du hast dich von deiner Grippe noch nicht ganz erholt.«

Balthasar setzt sich automatisch die Brille der Überverantwortlichkeit auf. Er weicht in tröstende Worte aus und glaubt, seine Mutter zu schonen. In Wirklichkeit schont er sich selber. Er macht sich Illusionen und täuscht sich über den Ernst in den Worten seiner Mutter hinweg. Was hindert ihn, auf sie einzugehen? Sehr wahrscheinlich sind es Ängste:

- Angst vor dem Verlust seiner Mutter,
- Angst vor ihren Gefühlen,
- Angst vor seinen eigenen Gefühlen,
- Angst, der Situation nicht gewachsen zu sein, nicht damit umgehen zu können.

Diese Ängste gehören in das Umfeld von Krankheit und Tod. Sie sind an sich völlig normal, und es ist verständlich, dass Balthasar zunächst ausweicht. Als Überverantwortlicher reagiert er aber auch gewohnheitsmäßig mit Verharmlosen und Beschönigen.

Gehen wir einmal davon aus, Balthasar würde merken, dass er die rosa Brille aufgesetzt hat. Er würde sich seine Überverantwortlichkeit eingestehen. Welche Schritte würde er tun, anstatt auszuweichen? Er könnte:

- innehalten und sich klar werden, was bei ihm passiert,
- aufnehmen, dass es seiner Mutter nicht gut geht,
- wahrnehmen, dass er traurig wird und Angst hat.

Und wie könnte er seiner Mutter gegenüber reagieren? Er könnte sagen:

- »Ich bin noch nicht bereit, mit dir darüber zu reden.«
- »Willst du tatsächlich mit mir über den Tod reden?«
- »Es macht mir Angst, und ich werde traurig bei dem Gedanken, dich zu verlieren.«
- »Ich fühle mich überrumpelt und brauche ein wenig Zeit.«
- »Ich fühle mich der Situation nicht gewachsen. Kennst du jemanden, dem du dich anvertrauen kannst?«

Selbst wenn Balthasar der Bitte seiner Mutter nicht entsprechen kann, wird sie doch spüren, dass er sie gehört hat.

Der Blick in den Spiegel der Wahrheit

Nähern wir uns jetzt der Frage, was es so schwierig macht, die eigene Überverantwortlichkeit zu erkennen, noch einmal von einer anderen Seite. Erinnern wir uns an Roland, der sich nach seinem Herzinfarkt bald wieder dasselbe Arbeitspensum zumutet wie zuvor.

Roland hat einen Herzinfarkt erlitten. Nach längerer Rehabilitationszeit beginnt er wieder in seiner Arztpraxis zu arbeiten. Trotz aller guten Vorsätze und dem dringenden Rat seines Arztes, sich zu entlasten, sieht Roland nach kurzer Zeit wieder sechzig Patienten pro Tag. Sein Arbeitspensum ist so groß wie zuvor.

Nehmen wir an, Roland besäße einen Spiegel wie die Königin im Märchen von Schneewittchen. Dieser Spiegel sagt der alternden Königin unerbittlich die Wahrheit über sie selbst und ihre Stieftochter, das zur Schönheit erblühende Schneewittchen. Was bekommt Roland vom Spiegel zu hören, wenn er hineinschaut? »Du siehst angespannt und erschöpft aus. Du atmest nicht mehr richtig und dein Rücken ist gebeugt. So Leid es mir tut, ich muss dir sagen: Du steuerst auf den zweiten Herzinfarkt zu.«
Hören wir, was Roland antwortet: »Ach, so schlimm ist es ja gar nicht. Ich war schon immer ein gespannter Typ. Und du weißt doch so gut wie ich: Meine Patienten brauchen mich. Ich kann meine Praxis nicht halbherzig führen.«
Der Spiegel: »Ich sage dir nochmals, wie es um dich steht: Dein Herz könnte bald ganz aussteigen.«
Und was würde passieren, wenn Anna, die wir bereits aus dem ersten Kapitel kennen, in den »Spiegel der Wahrheit« blickte? Erinnern wir uns:

Anna verbringt die Ferien zusammen mit ihrer großen Familie. Zu Hause überlegt sie, was sie in ihren Ferien tun will. Sie packt alles ein, was sie in den Ferien brauchen könnten. Kaum ist sie am Ferienort, verspürt Anna eine große innere Spannung. Wenn sie daran denkt, dass sie selber auch manchmal frei haben möchte, verspürt sie Schuldgefühle, denn sie sollte sich doch nützlich machen. Und wenn es ihr gelingt, die Schuldgefühle als unangebracht zur Seite zu schieben, so verspürt sie eine quälende Müdigkeit und Leere. Sie weiß nicht, was mit sich anfangen.

Was erzählt ihr der »Spiegel der Wahrheit«? »Anna, du siehst übermüdet aus und wirkst bedrückt. Wie viele Stunden hast du geschlafen? Du machst dir Sorgen um alle und alles. Wenn du so weiterfährst, kannst du dich im Urlaub nicht erholen. Die Bücher bleiben ungelesen, das Racket unbenutzt.«
Was erwidert Anna? »Bücher und Racket habe ich nur ›für alle Fälle‹ mitgenommen. Zuerst kommt für mich die Familie. Alle freuen sich doch, wenn es etwas Besonderes zu essen gibt. Und wer soll das Notwendige organisieren, wenn nicht ich? Wem kann ich das Aufräumen zumuten? Mein Mann und mein Bruder sind überarbeitet. Sie brauchen dringend Ferien. Meine Schwägerin ist vollauf mit dem Baby beschäftigt. Die Kinder zur Mitarbeit anzuhalten ist viel zu mühsam. Es kostet mich weniger Energie, die Arbeit selbst zu erledigen. Überdies brauche ich dazu nur halb so viel Zeit. Ferien für mich gibt es erst, wenn die Kinder ausgeflogen sind.«
Der Spiegel: »Anna, du bringst eine Ausrede nach der andern! Merkst du nicht, worum es geht? Nachts hast du dich sorgenvoll im Bett gewälzt. Und jetzt? Alle Arbeit machst du allein, gibst nichts ab und besprichst nicht mit den andern, wer was übernehmen könnte. Deine Bücher kannst du nächstes Jahr am besten gleich zu Hause lassen.«
Sowohl Anna wie auch Roland behandeln sich selbst völlig rücksichtslos. Hören die beiden die Warnung des Spiegels? Sie scheinen sie zu über-hören. Sie verharmlosen die bedrohliche Situation und beharren auf ihrer Sicht der Dinge. Sie stellen unüberprüfte Behauptungen über die Menschen in ihrer Umgebung auf und wollen damit be-

weisen, dass sie selbst sich nicht verändern können und dürfen. Sie stellen dem »Spiegel der Wahrheit« ein verzerrtes Bild gegenüber. Es ist das Idealbild des überverantwortlichen Menschen, wie er sich durch die Vergrößerungsbrille wahrnimmt.

Warnungen werden gerne überhört, bedrohliche Situationen verharmlost.

Nun halten wir alle uns gern für das, was wir sein möchten. Ungern lassen wir uns am Lack kratzen. Sorgenspinnen- und Lasteselmenschen reagieren da besonders empfindlich. Ihr Idealbild soll sie ja vor den quälenden Gefühlen von Schuld, Angst und Wertlosigkeit schützen. (Im dritten Kapitel haben wir diese Gefühle als Triebfedern für überverantwortliches Verhalten beschrieben.) Dies erklärt, warum überverantwortliche Menschen so unglaublich stur reagieren, wenn es um kleinste Änderungen ihrer Lebensgewohnheiten geht, und warum gut gemeinte Vorschläge scheinbar ungehört an ihnen abprallen. Kein Wunder, dass Rolands Frau das Gefühl hat, sie stoße auf Beton, wenn sie ihn auf seine Gesundheit hinweist und ihn bittet, für sich selber Sorge zu tragen.
Selbst der winzigste Schritt kann als nicht durchführbar abgelehnt werden, wie das folgende Beispiel zeigt.

Woher nehme ich zehn Minuten für mich?
Leo fühlt sich überlastet und leidet an Depressionen. Er ist engagiert in seinem Beruf und ein pflichtbewusster Familienvater. In einer Therapiesitzung geht es um die Frage, ob er im Laufe des Tages zehn Minuten für sich selbst aussparen könnte, um zu Atem zu kommen. Bald stellt sich heraus, dass dies ganz unmöglich ist.
Am Morgen macht er das Frühstück für die Kinder, dann geht er zur Arbeit. Über Mittag isst er mit Geschäftspartnern. Am Nach-

mittag muss er sich im Büro um alles kümmern. Abends fährt er möglichst schnell nach Hause, um seine Frau zu entlasten und mit der Familie Abendbrot zu essen. Danach ist es wichtig, mit den Kindern zu spielen und sich anschließend per Fernsehen über das Weltgeschehen zu informieren. Nein, zehn Minuten für sich selbst lassen sich nirgendwo einschieben.

Auch Leo beharrt auf seiner Sicht der Dinge. Er hält sich für absolut unentbehrlich. Er handelt gemäß dem Diktat seines Idealbildes: des perfekten Partners, Vaters und Geschäftsmannes.
Der Verzicht auf die gewohnte Optik fällt überverantwortlichen Menschen außerordentlich schwer. Wenn wir pessimistisch wären, könnten wir unser Buch an dieser Stelle beenden. Wer schaut schon freiwillig in einen »Spiegel der Wahrheit«; vor allem, wenn er ihm durch andere vorgehalten wird? Offenbar führt es nicht weiter, wenn wir versuchen, jemandem den Spiegel aufzudrängen. Wir können ihn nur bereitlegen und hoffen, dass der überverantwortliche Mensch ihn selbst zur Hand nimmt und wagt, hineinzuschauen.

Vom Erkennen zum Verändern

Noch immer befinden wir uns auf der Reise, die aus der Überverantwortlichkeit hinausführen soll. In diesem Teil kommen wir an verschiedenen Stationen vorbei, vergleichbar den Posten bei einem Orientierungslauf. Jeder Posten ist mit einem Symbol gekennzeichnet, das auf ein bestimmtes Thema hinweist. Bei dem inneren Orientierungslauf gilt es jedoch nicht, Aufgaben zu lösen, die mit »richtig« oder »falsch« bewertet werden.

Auf etwas müssen wir uns gefasst machen: Der Weg ist gesäumt von Angehörigen, Freunden und ferner Stehenden. Nicht alle werden begeistert applaudieren, wenn der Esel seine Last abwirft, die Spinne ihr Sorgennetz hinter sich lässt. Viele Wohlmeinende möchten uns zurückhalten, weil Veränderungen ihnen Angst machen oder weil sie unsere Fürsorge nicht verlieren möchten. Andere wiederum ermutigen uns zu Schritten ins Ungewisse. Es wird nicht leicht sein, durch all diese Stimmen hindurch dem eigenen inneren Kompass zu folgen.

Nicht alle applaudieren begeistert, wenn der Esel seine Last abwirft, die Spinne ihr Sorgennetz hinter sich lässt.

- *Bedürfnisse ernst nehmen.* Bei dem Orientierungslauf melden sich bestimmt Hunger, Durst und Müdigkeit. Überverantwortliche Menschen sind derart auf ihr Ziel ausgerichtet, dass sie von Posten zu Posten hetzen, ohne auf ihre leiblichen Bedürfnisse zu achten. Sogar die Signale von Blase und Darm werden übergangen.

Deshalb wartet am ersten Posten eine große, schöne Katze. Verweilen wir eine Zeit lang bei ihr. Was tut sie? Sie frisst, wenn sie Hunger hat, sie schläft, wenn sie müde ist, sie schnurrt, wenn sie gestreichelt werden will, und geht weg, wenn sie genug davon hat. Sie sorgt dafür, dass sie das bekommt, was sie braucht. Eine Katze ist nie überverantwortlich. Sie achtet auf ihre Bedürfnisse. Lassen wir uns an diesem Posten mehr Katzenart für uns selbst schenken.

- *Die Atemwelle.* Ein wichtiger Posten auf der inneren Reise liegt an einem Fluss. Betrachten wir das vorbeiströmende Wasser, wie es ununterbrochen fließt und fließt. Auf dieselbe Weise strömt der Atem unentwegt und verlässlich durch

unseren Körper, ohne unser Dazutun. Er erhält uns am Leben, vom ersten bis zum letzten Atemzug. So selbstverständlich ist dieses Fließen für uns, dass wir seine existentielle Bedeutung erst erfassen, wenn wir in Atemnot geraten. Kaum etwas ist so beängstigend wie das Gefühl, keine Luft zu bekommen. Das erfahren Asthmatiker, Menschen, die eine Lungenembolie erleiden, die gewürgt werden oder denen ein Fremdkörper in die Luftröhre gerät.
Atmen können wir nur für uns selber. Je voller wir atmen, desto voller leben wir. Mit Überverantwortlichkeit verbundene Gefühle verändern die Muskelspannung im Körper. Dies engt unseren Atemfluss ein. Unser Organismus wird auf Sparflamme gesetzt. Hier können wir mit dem achtsamen Wahrnehmen einsetzen: Wie fließt mein Atem im Moment, voll und tief oder oberflächlich und kaum wahrnehmbar? Wenn wir uns angewöhnen, auf unsern Atem zu achten, stellen wir fest, wie unterschiedlich die Atemwelle uns durchströmt. Wir können sie als Messinstrument benützen: Wenn wir in Überverantwortlichkeit geraten, flacht sie ab. Erlauben wir dann dem Atem, freier und tiefer zu strömen, hilft uns dies bereits, wieder mehr mit uns selbst in Beziehung zu kommen. Achtsames Wahrnehmen des Atems verhilft uns außerdem dazu, innere Ruhe zu finden. Ob wir am Fluss sitzen und das strömende Wasser betrachten oder mit unserer Aufmerksamkeit dem inneren Fluss unseres Atems nachgehen – allmählich können wir Sorgen und Gedanken dem Strom mitgeben. Je mehr innere Ruhe wir finden, desto eher können wir aus der Sorgenspinnen- und Lasteselhaltung immer wieder aussteigen.

• *Die Füße auf der Erde.* Der nächste Posten fällt nicht auf. Wir sehen den Boden, wir sehen Erde: nichts anderes, als was wir bei jedem Schritt unserer Reise unter den Füßen haben. Es geht hier tatsächlich um unsere Füße. Ihre Aufgabe ist, uns zu tragen; außerdem verbinden sie uns mit der Erde.

Füße fristen in unserem Kulturkreis immer noch häufig ein jämmerliches Dasein, eingezwängt in Schuhe, die oftmals drücken. Außer nachts verlassen sie ihr enges Gefängnis kaum. Wenn wir Füße älterer Menschen anschauen, ist ihnen ihre Leidensgeschichte anzusehen.
Wenn Sorgenspinnen- und Lasteselmenschen sich innerlich ganz auf andere beziehen, sind sie nicht mehr geerdet. Das Spüren der eigenen Füße hilft, den Kontakt zum Boden wiederherzustellen. Es genügt, ihnen unsere Aufmerksamkeit zu schenken und zu merken, dass sie zu uns gehören. Unsere Wahrnehmung auf die Füße zu lenken ist leicht und schwer zugleich. Leicht, weil es wenig dazu braucht, schwer, weil wir vergessen, es immer und immer wieder zu tun. Indem wir barfuß gehen, die Füße leicht massieren oder uns ein Fußbad gönnen, unterstützen wir die Empfindung, dass unsere Füße ein wichtiger Teil unseres Körpers sind. Wir helfen ihnen auf diese Wiese, guten Kontakt zum Boden und zur Erde herzustellen. So fällt es uns leichter, einen eigenen Stand-Punkt einzunehmen oder eigen-ständig zu handeln.

Der Körper als Helfer

Am nächsten Posten erwartet uns ein Mobile. Wir sehen das von oben gehaltene Gebilde. Die einzelnen Teile unterscheiden sich in Farbe und Form. Jeder Lufthauch bringt sie in Bewegung. Sie schaukeln und schwingen auf unterschiedliche Weise und finden immer wieder zurück zu einem schwebenden Gleichgewicht. Beschweren wir einen der Teile mit einem Gewicht, kann sich das Ganze nicht mehr so frei bewegen.

Vergleichen wir unseren Körper mit dem Mobile. Wenn wir uns wohl fühlen, befindet sich der Organismus in einem pulsierenden Gleichgewicht. Überverantwortlichkeit bedeutet: ein Teil des Körpers ist beschwert. Er funktioniert nach wie vor: Wir bewegen uns, wir essen und verdauen, das Herz klopft. Aber: Unbemerkt hat sich das Gleichgewicht verändert. Sind wir die Last der Überverantwortlichkeit los, pendelt sich das Mobile wieder ein. Wir sind erleichtert, meist ohne zu spüren, was sich im Körper abspielt. Hier kann uns der Körper zum Helfer werden: Wie fühlt er sich an im Zustand der Überverantwortlichkeit? Was verändert sich, wenn das Mobile wieder frei schwingt?
Ruth beschreibt, was sie wahrnimmt, wenn sie in Überverantwortlichkeit gerät:

Ich merke, wie mir etwas die Brust zusammenschnürt und wie mein Atem flach wird. Gleichzeitig ziehe ich die Schultern ein wenig hoch und neige mich leicht vor. Zudem strecke ich den Kopf nach vorne. Dadurch empfinde ich Spannung im Nacken. Meine Gefühle sind ganz auf den andern Menschen ausgerichtet.

Was kann Ruth tun, wenn sie merkt, dass ihr Mobile nicht mehr frei schwingt? Kleine Veränderungen genügen:

- etwas tiefer atmen,
- die Schultern leicht senken,
- den Kopf zurücknehmen,
- sich aufrichten oder zurücklehnen.

Wo immer sie ansetzt, sie beeinflusst damit das ganze Mobile und verhilft ihm zu mehr Beweglichkeit.
Auch bei andern Körpermustern der Überverantwortlichkeit können wir den Körper als Helfer einsetzen:

- Wie fühlen sich Gesicht und Hals an, wenn ich für die andern ständig lächle?
- Wie spüre ich meinen Kiefer, wenn ich eine schwere Last verbissen übernehme?

- Wie fühlt sich mein Körper an, wenn ich mich schlaflos vor Sorgen im Bett wälze?

Unser Zustand kann sich bereits verändern, wenn wir das Gesicht entspannen, den Kiefer lockern oder die Hände auf den Bauch legen und ein paar tiefe Atemzüge nehmen.
Auch wenn sich Sorgenspinnen- und Lasteselhaltung im Körper verfestigt haben und das Mobile blockiert ist, kann der Körper als Helfer dienen. Es kann sein, dass wir anfänglich Hilfe von außen brauchen, bis wir ihn wieder spüren.

Raum und Grenzen

Am nächsten Posten finden wir einen großen Baukasten vor. Wir sind eingeladen, aus den Elementen einen Raum zu bauen, in dem wir uns wohl fühlen und wo wir frei atmen können. Wir dürfen uns ungehindert darin bewegen, geschützt durch die gegebenen Grenzen. Sorgenspinnen- und Lasteselmenschen beanspruchen selten den Raum, der ihnen zusteht. Sie nehmen vorlieb mit dem, was andere ihnen überlassen. Über lange Zeit merken sie nicht, wenn sie eingeengt werden oder sich selber einschränken.
Im ersten Kapitel haben wir Doris erwähnt. Sie nimmt nach einem Umzug mit dem kleinsten Raum vorlieb. Ihrem neuen Partner überlässt sie ohne Diskussion ein geräumiges Zimmer und ein zweites dazu. Hinterher merkt sie, wie sehr sie sich eingeengt hat. Doris ging in ihren Überlegungen nur vom Anspruch ihres Freundes aus. Schon bald fühlte sie sich unbehaglich. Sie brauchte Zeit, bis sie herausfand, dass ihr eigenes Bedürfnis nach Raum zu kurz kam.
Nicht nur in der Zimmerwahl gesteht sich Doris zu wenig Raum zu. Auch in der Beziehung zum Partner beansprucht

sie weniger Platz als er, indem sie bei Konflikten rasch nachgibt und ständig auf ihn und seine Wünsche Rücksicht nimmt. Es ist ihr nicht bewusst, wie sehr sie sich einschränkt. Wenn sie auf ihren Körper achten würde, nähme sie wahr, dass sie meistens ganz oberflächlich atmet und dass auch der Raum in ihrem Körperinnern geschrumpft ist.
In Therapiesitzungen spürt Doris ihr Unbehagen deutlicher, nimmt es ernst und wagt es, dieses auszudrücken. Sie verschafft sich damit mehr Raum, außen wie innen. Sie entdeckt, dass sie anders atmet und sich freier bewegt.
Der innere Raum, wie wir ihn körperlich spüren, und der Platz, den wir in Beziehungen einnehmen, hängen direkt miteinander zusammen. Wenn wir ein Gefühl für unseren inneren Raum entwickeln, können wir viel selbstverständlicher unseren Platz im Leben einnehmen. Es ist dann nicht mehr nötig, ihn nach außen unter allen Umständen zu beanspruchen und zu verteidigen.
Dasselbe Thema hat auch Sabine, die eine halbe Stunde länger telefoniert, als sie eigentlich will. Ihr ganzes Programm gerät durcheinander. Das Abendessen verkocht, das Fleisch wird zäh, die Kinder geraten außer Rand und Band. Sie wagt nicht, das Gespräch zu beenden.
Sabine lässt sich durch ihre Telefonpartnerin vereinnahmen. Damit gibt sie ihren Raum preis. Sich von der Freundin zu verabschieden würde bedeuten, ihr Grenzen zu setzen. Sabine schützt aber nicht nur ihren Raum nicht, sie schützt auch den Raum und die Grenzen ihrer Familie nicht.

Grenzen stecken den Raum ab und bewahren ihn vor Eindringlingen.

Raum und Grenzen hängen eng zusammen. Grenzen sind notwendig: Sie stecken den Raum ab und bewahren ihn vor Eindringlingen. »Nein« sagen oder »Halt«, »Stop«, »Nicht

weiter« heißt Grenzen setzen; sei es, indem wir ein Gespräch beenden oder eine andere Meinung vertreten.
Von außen gesehen scheint es einfach, das Telefongespräch zu beenden mit den Worten: »Es tut mir Leid, ich kann jetzt nicht mehr weitersprechen. Meine Familie wartet auf das Abendessen. Lass uns ein andermal miteinander plaudern.« Sabine in ihrer überverantwortlichen Haltung ist nicht imstande, diesen Schritt zu machen.
Der folgende Traum zeigt, wie das Nein, das eigentlich kommen sollte, durch das gewohnheitsmäßige Ja verhindert wird. Martina träumt:

Ein Esel wird aufgefordert, Nein zu sagen. J-a sagt er, er kann nicht anders.

Nach ihren Einfällen gefragt, erinnert sich Martina zunächst an Situationen, in denen sie halbherzig Ja gesagt hat, eben J-a. Sie überlegt, wann und wo ihr das Neinsagen so schwer fällt wie dem Traumesel. Sie merkt: Der Esel muss seiner Natur gemäß J-a sagen. Das Nein kennt er gar nicht. Das gewohnheitsmäßige J-a ist aber kein wirkliches Ja. Es kann heißen: Ja, vielleicht ..., Ja, aber ..., Jein, eher nicht.
Das J-a ist ein Kompromiss zwischen dem Ja der Lasteselnatur und dem Nein der inneren Stimme. Mit dem J-a ecken wir nicht an und ernten kein Stirnrunzeln; wir müssen uns mit niemandem auseinander setzen. Der Preis dafür ist ein fortwährender Verrat an uns selbst. Ein echtes Ja ist nur möglich, wenn wir über ein klares Nein verfügen. Als Überverantwortliche bringen wir den Mut dazu nicht auf. Nein sagen ist nicht immer einfach. Es muss gewagt und geübt werden.
Meist geht die Welt nicht unter, wenn wir wagen, »Nein« zu sagen. Im Gegenteil: Wir werden nicht abgelehnt, sondern ernst genommen und wegen unserer Klarheit geschätzt. Der Kontakt zu anderen Menschen geht durch das Nein nicht verloren, er vertieft sich eher. Ein ehrliches Nein kann uns stärken.

Kehren wir zum Posten mit den Bauelementen zurück. Wir betreten den Raum, den wir für uns aufgebaut haben. Die Wände, die wir errichtet haben, sind gleichzeitig die Grenzen unseres Raums. Plötzlich kommt jemand ungefragt herein, tritt gegen unsere Wand oder entfernt einen Baustein. Wie reagieren wir? Laden wir den ungebetenen Gast zum Essen ein, werfen wir ihn hinaus, fragen wir nach dem Grund für sein Verhalten? Betrachten wir zwei Beispiele:

Die Nachbarin fällt mit der Tür ins Haus

Iris hat Geburtstag. Sie veranstaltet ein Fest. Ihre Nachbarin erscheint »nur für zehn Minuten, um zu gratulieren«. Kaum hat Iris ihr ein Stück Kuchen gereicht, fragt sie beiläufig: »Wir haben im Sinn zu verreisen. Können unsere Kinder übers Wochenende zu euch kommen?«

Iris ist überrumpelt. Immerhin kann sie der Nachbarin antworten: »Das muss ich mir noch überlegen.« Innerlich weiß sie bereits, dass sie Nein sagen wird.

Iris sagt nicht mehr automatisch Ja. Sie braucht jedoch die Bestätigung durch eine gute Freundin, dass sie keinesfalls verpflichtet ist, die Kinder ihrer Nachbarin zu betreuen, wenn ihr das nicht gelegen kommt. Die Freundin muss ihr den Rücken stärken, damit sie sich sicher fühlt im Neinsagen. Wenn sie Unterstützung von außen bekommt, kann ihre innere Stimme sich besser Gehör verschaffen gegenüber der Lasteselstimme mit ihrem unwillkürlichen Ja. Eine Bedenkpause ist oft hilfreich auf dem Lernpfad des Neinsagens; das Nein darf auch verzögert kommen. Iris sagt der Nachbarin am nächsten Tag ab. Was sie nicht verhindern kann: Sie verspürt leise Schuldgefühle, obwohl sie voll zu ihrem Nein steht.

Was dir gehört, gehört auch uns

Alex wechselt die Stelle. Das bedingt, dass er in eine andere Stadt zieht. Er sieht es als Glücksfall an, dass im Haus, wo alte Freunde wohnen, eine Wohnung frei wird. Er hofft auf gute Nachbarschaft und gibt den Freunden vertrauensvoll die Schlüssel. Als er eines

Abends nach Hause kommt, fehlen alle Früchte in der Obstschale. Am nächsten Tag erfährt er von den Freunden: »Ach weißt du, wir hatten Besuch, und wir wollten zum Nachtisch einen Fruchtsalat machen. Wir hatten vergessen, Früchte einzukaufen. Wir dachten, es macht dir nichts aus, wenn wir ein paar bei dir holen.«

Alex ärgert sich, dass die Freunde seine Grenzen und seinen Raum nicht respektieren. Er reagiert energisch und verbittet sich das Betreten seiner Wohnung ohne Absprache. Er lässt zudem das Schloss auswechseln. Seither hat sich die Freundschaft merklich abgekühlt.
Neinsagen kann Illusionen zerstören und Distanz schaffen. Alex fühlt sich hinterher einsam. Er weiß noch nicht, ob ein Gespräch möglich ist mit den Freunden über das, was für sie selbstverständlich ist und für ihn eine Grenzüberschreitung bedeutet. Ob der Kontakt wieder enger wird, hängt davon ab, ob die Freunde sein Nein und die Gründe dafür akzeptieren können.
Angemessene Grenzen setzen ist nicht einfach. Ohne Grenzen bin ich im offenen Raum, allem preisgegeben. Zu enge Grenzen nehmen mir meinen Raum, schränken meine Bewegungsfreiheit ein. Zwei Traumbilder zeigen den einen und den andern Zustand. Natalie träumt:

Ich liege in meinem Bett. Plötzlich bemerke ich, dass Schafe durch mein Schlafzimmer ziehen. Es werden mehr und mehr, eine ganze Herde. Hat mein Bett noch Platz? Mir wird eng.

Und Samuel träumt:

Ich gehe auf einen Bauernhof zu. Plötzlich stehe ich vor einer riesigen Wand aus Baumstämmen und komme nicht weiter. Ich frage den Bauern: Wozu dient diese Wand? Mürrisch entgegnet er: Ich will nicht mehr, dass jemand zu mir kommt.

Was diese beiden Träume für die Lebenssituation der Träumenden bedeuten, bleibt offen. Der Aspekt des Unabgegrenztseins auf der einen Seite und der Grenze als Bollwerk auf der andern ist aber sehr deutlich. Wie viel Abgrenzung wir brauchen, hängt von der Situation ab, in der wir uns befinden. Wichtig ist, dass wir weder im Allzu-Offenen noch im Starr-Geschlossenen verharren.

Grenzen dürfen beweglich sein – wir haben die Freiheit, sie dichter oder durchlässiger zu gestalten.

Grenzen dürfen beweglich sein. Wir haben die Freiheit, sie dichter oder durchlässiger zu gestalten. Die Kraft, Grenzen zu setzen und für den eigenen Raum einzustehen, entwickelt sich manchmal nur langsam und über einen größeren Zeitraum. Eine Folge von drei Träumen verdeutlicht diesen Entwicklungsprozess.
Carmela arbeitet in einem Heim für behinderte Erwachsene. Ihr erster Traum zeigt sie ganz hilflos und ausgeliefert:

Ein Behinderter sitzt auf dem Sofa. Ich bin dabei, seine Schuhe zu binden. Wie ich mich bücke, schlägt er mit voller Wucht auf meinen Rücken. Ich sacke kraftlos zusammen.

Im Traum werden Carmelas Grenzen massiv überschritten: Sie ist in der dienenden Position und hat keine Kraft, sich zu wehren. Der zweite Traum zeigt eine nächste Stufe:

Ein Behinderter wird mir gegenüber gewalttätig. Der Heimleiter greift stellvertretend für mich ein. Er sagt: »Schauen Sie sich an. Sie haben ja gar keine Kraft mehr.« Ich blicke an mir herunter und stelle fest, dass meine Batterie ziemlich leer ist.

In diesem Traum tritt in Gestalt des Heimleiters Hilfe für Carmela auf. Er wehrt sich für sie und macht sie darauf aufmerksam, dass sie am Ausbrennen ist. Noch kann sie nicht genügend für sich selbst einstehen. Sie spürt aber deutlich die Warnung und sieht, dass ihre Batterie fast leer ist, das heißt, dass ihre Kraftreserven erschöpft sind. Im Anschluss an diesen Traum findet sie den Mut, ihre Stelle zu kündigen.

Der innere Prozess geht weiter, nachdem die äußere Situation bereinigt ist. Nach einiger Zeit hat Carmela einen dritten Traum zum Thema Abgrenzung:

Ich sitze auf einer Bank im Park. Eine Frau kommt auf mich zu. Ohne mich zu fragen, beklopft sie mein Brustbein. Ich wehre mich: »Hören Sie auf, es tut mir weh. Ich habe es nicht gern.« Sie redet mir zu und beteuert, wie gut mir ihre Behandlung täte. Ich bleibe fest: »Ich will nicht.« Sie zuckt mit den Schultern.

Die Geste des Schulterzuckens ist Carmela wohl bekannt. Sie drückt aus: »Na ja, wenn du so empfindlich bist und nicht annehmen kannst, was dir gut tut, lässt du es bleiben. Dann kriegst du eben gar nichts.« Als sie klein war, brachte diese Drohung sie regelmäßig dazu, sich anzupassen und etwas anzunehmen, was sie gar nicht wollte, aus Angst, abgelehnt zu werden. Nach dem Erwachen stellt Carmela überrascht fest, dass dieses Schulterzucken sie nicht mehr ängstigt. Sie ist stolz darauf, dass sie so eindeutig Stellung nehmen kann für sich selbst.

In allen drei Träumen werden Carmelas Körpergrenzen überschritten. Am Anfang ist sie wehrlos wie ein Kind. Zuletzt spürt sie deutlich, was sie will und was nicht. Sie kann dazu stehen ohne Angst vor möglichen Konsequenzen.

Umgang mit der Zeit

Wir kommen zu einem der letzten Posten unserer Reise. Was sehen wir vor uns? Eine Standuhr mit einem großen Pendel; daneben ein zum Bersten gefüllter Koffer.

Lassen wir zunächst das Ticken der Uhr, die Bewegung des Pendels und das langsame Fortschreiten der Zeiger auf uns einwirken. Das Hin und Her des Pendels und das regelmäßige Ticken erinnern an das Schlagen des Herzens. Die Zeiger rücken unmerklich vor. Wir erfahren, wie langsam die Zeit verrinnt, wenn wir aufmerksam mit ihr gehen.
Wie ergeht es einem Überverantwortlichen, wenn er sich vor die Standuhr setzt? Wie wirkt sie auf Leo, der im Laufe des Tages keine zehn Minuten für sich selbst erübrigen kann? Er gerät in Unruhe. Die Zeiger diktieren ihm unerbittlich, was zu tun ist. Wann immer er auf sie schaut, mahnen sie ihn an Ungetanes, vor ihm Liegendes, an die Last seiner Aufgaben. Die Uhr vergrößert seinen inneren Druck, die Zeit läuft ihm davon.
Wir möchten ihm zurufen: »Halt inne! Mach eine Pause! Entspanne dich!« Wir könnten ihm auch raten, Unwichtiges beiseite zu lassen, gewisse Arbeiten zu delegieren, eine neue Zeiteinteilung zu planen. Vermutlich haben wir damit keinen Erfolg. Leo gleicht dem Mann, der mit einer stumpfen Sense mühsam Gras mähte, weil er bei der Größe der Wiese, die vor ihm lag, wahrhaftig keine Zeit verschwenden wollte, um die Sense zu wetzen. Und es ergeht ihm wie dem Hamster in der Tretmühle: Er kann nicht plötzlich aufhören zu rennen. Die Tretmühle mit ihrem Schwung treibt ihn sofort wieder an. Wie also soll er dem Diktat der Zeit entkommen?

• *Verlangsamen.* Eine Möglichkeit ist, nicht bei der Zeit, sondern beim Tempo anzufangen. Wenn wir uns bewusst verlangsamen, ändert sich die Qualität der Zeit. Ruth beschreibt, wie sie einen Spaziergang von 15 Minuten erlebte:

Heute habe ich einen »langsamen Spaziergang« gemacht. Ich musste mich innerlich sehr auf das veränderte Tempo einstellen, weil ich gewöhnlich schnell ausschreite. Im Bereich der Nachbarhäuser brachte ich es gar nicht fertig, langsam zu gehen. »Wie schleicht sie denn heute dahin? Ist sie alt geworden oder behindert?«, malte ich mir die Gedanken meiner Nachbarn aus. Erst auf dem Wiesenpfad bewegte ich mich so langsam wie möglich. Ich war eine Viertelstunde unterwegs und hatte bei der Rückkehr das Gefühl, einen halben Tag gegangen zu sein. Ich habe Maßliebchen gesehen, Löwenzahn und ganze Büschel von lila Taubnesseln. Ein Kirschbaum blühte für mich, für sich und für die ganze Welt. Wolken schoben sich über den Himmel wie wechselnde Tapeten. Ein Kind, das im selben Tempo vorwärts kam wie ich, bot mir Steinchen an. Belanglos? Gewiss nicht außergewöhnlich. Nur: Die Bilder habe ich wirklich aufgenommen. Sie nähren mich und geben mir das Gefühl von Da-Sein.

Was bewirkt das verlangsamte Gehen bei Ruth? Gewöhnlich eilen die Gedanken ihren Schritten voraus. Selbst im Rennen kann sie sie nicht einholen. Beim langsamen Gehen beruhigen sie sich und kehren allmählich in die Gegenwart zurück. Kopf, Körper und Gefühl können sich verbinden. Die Sinne werden für Eindrücke aus der Umgebung empfänglich, Ruth wird gelassener. Die Zeit wird zur erlebten und erfüllten Gegenwart.

Es gibt paradox anmutende Sätze wie »Wenn du in Eile bist, mach einen Umweg« oder »Wenn du keine Zeit zum Meditieren hast, meditiere doppelt so lang«. In ihnen liegt die Aufforderung, auf eine andere, scheinbar ver-rückte Art mit der Zeit umzugehen.

Die Sätze stellen das bei Überverantwortlichen so wirksame Programm von »Vorwärts, vorwärts ...« und »Du musst, du musst« total in Frage. Das Prinzip des Verlangsamens lässt sich auf viele Situationen im Alltag übertragen. Wir können irgendwann damit beginnen, am besten, wenn wir nicht gerade unter Zeitdruck stehen, zum Beispiel beim Öffnen eines Briefes. Wenn wir uns erlauben, jede Bewegung im Zeitlupentempo zu machen, erfahren wir einen neuen Bezug zum Ablauf der Zeit.

- *Innehalten.* Gehen wir nochmals zu unserem Posten mit der Standuhr. Den sich dort befindenden übervollen Koffer haben wir bis jetzt außer Acht gelassen. Was geschieht, wenn wir ihn öffnen? Eine Unmenge von Gegenständen quillt heraus – unglaublich, was alles hineingestopft worden ist! Er könnte Hanna gehören, die wir im ersten Kapitel kennen gelernt haben:

Hanna ist eine tüchtige und viel beschäftigte Frau. Sie ist verheiratet, hat vier Kinder, besorgt ein Haus mit großem Garten und erledigt für ihren Mann die Buchhaltung seines Geschäfts. Zur Zeit betreut sie zudem ihre Mutter, die nach einer Operation pflegebedürftig ist. Jeden Abend sinkt sie erschöpft ins Bett. Da kommt eine Anfrage vom Elternverein ihres Dorfes, ob sie nicht das Präsidium übernehmen wolle. Hanna weiß, dass zwischen den Lehrern und der Elternschaft ein gespanntes Verhältnis besteht. Sie sieht eine Gelegenheit zu vermitteln und sagt Ja, obwohl sie nicht weiß, wie sie die abendlichen Sitzungen überstehen soll.

Hanna füllt ihre Zeit wie einen Koffer. Ihr Zeit-Koffer ist zum Platzen voll und so schwer geworden, dass sie ihn kaum mehr tragen kann. Es ist offensichtlich: Sie muss Ballast abwerfen. Aber womit beginnen?

Überall scheint sie unentbehrlich zu sein. Für gute Ratschläge ist Hanna unzugänglich. Zwar sagt sie nicht klar: »Nein, ich kann nichts ändern« oder »Ja, diese Belastung könnte ich abgeben.« Ihre Antwort ist: »Später, wenn die Kinder größer sind ..., wenn meine Mutter wieder gesund ist ..., wenn der Streit beigelegt ist im Elternverein.«

Wenn Hanna in ihrem Leben zurückblickt, sieht sie, dass dieses »später, wenn ...« sich bis jetzt nie ergeben hat. Das »später« wurde nie zur Gegenwart, die Entlastung kam nicht zustande.

Übergeben wir Hanna die Verantwortung dafür, wie sie mit ihrer Zeit umgeht. Schenken wir ihr eine Stunde, damit sie sich in Ruhe vor die Standuhr und den vollen Koffer setzen kann. Wer weiß, vielleicht kommt sie durch dieses Innehalten zu wichtigen Erkenntnissen:

- Ich bin verantwortlich für meine Zeit und dafür, wie ich sie ausfülle,
- ich entscheide, was ich in meinen Koffer packe und was ich beiseite lasse,
- ich belüge mich selber mit der Wendung »Später, wenn ...«,
- ich brauche Zeit und Pausen für mich,
- der wichtigste Zeitpunkt in meinem Leben ist »Jetzt«.

Das Innehalten kann am besten in einer ruhigen Phase geschehen, wenn die Arbeitslast nicht übermäßig drückt, an einem Wochenende, das man sich frei hält, oder in Ferien, die nicht allzu aktiv verlaufen. Eine andere Umgebung und ein anderer Tagesrhythmus erleichtern das Innehalten und das Bewusstwerden, wie viel Übergepäck wir mit uns schleppen.

Doch – wer ist nicht schon aus den Ferien heimgekommen mit den besten Vorsätzen und war nach ein paar Tagen wieder im alten Trott? Ein allgemeines »Diesmal mache ich es gewiss anders« nützt nichts. Hanna kann ihre Erkenntnisse auf verschiedene Weise in die Tat umsetzen. Dabei wird sie merken: Immer wird sie etwas gewinnen und auf anderes verzichten müssen. Einige Möglichkeiten:

- Hanna sieht sich nach Hilfen um: für den Haushalt, den Garten und die Pflege ihrer Mutter. Sie verzichtet auf ihr Bild von einer unbeugsamen Kraftfrau, die alles allein meistert.
- Hanna lernt, Notwendiges von Nebensächlichem zu unterscheiden. Sie setzt Prioritäten und widmet sich in erster Linie dem, was tatsächlich nur sie tun kann. In unwesentlichen Dingen lässt sie fünf gerade sein. Damit verzichtet sie auf die Idee, gleichzeitig perfekte Ehefrau, Mutter, Hausfrau, Gärtnerin, Buchhalterin, Krankenpflegerin und Präsidentin zu sein.
- Hanna fängt an, Zeit für sich selbst einzuplanen. Ihre Vorstellung von sich als ununterbrochen für andere tätige, nie ruhende Frau muss sie aufgeben.

Es wird Hanna nicht leicht fallen, sich auch nur an einem Ort umzustellen: zum Beispiel das Präsidium des Elternvereins abzugeben oder einen Wäscheberg ungebügelt zu lassen. Wenn sie aber durchhält, wird ihr Koffer leerer werden und ihr Lebensgefühl leichter.

- *Zeit für sich selbst haben.* Sich selber Zeit zu gönnen fällt überverantwortlichen Menschen außerordentlich schwer. Zu schnell stellt sich der Gedanke ein »Ich sollte doch ...« und »Das geht jetzt nicht, zuerst kommt ...«, nach dem Motto »Erst die Arbeit, dann das Vergnügen«. Weil aber die Arbeit nie aufhört, hat das Vergnügen kaum Platz.

Stark überverantwortliche Menschen können sehr ratlos werden, wenn sie ein paar freie Stunden zur Verfügung haben. Es ist, als ob ein Schwungrad zum Stehen käme. Sie fühlen sich leer und fragen sich: »Und jetzt? Was soll ich mit dieser Zeit anfangen?« Sie haben vergessen, was ihnen persönlich Spaß macht, und müssen sich wieder daran erinnern. Das kann vom Kinobesuch bis zum Sammeln von Briefmarken mit tropischen Schmetterlingen reichen. Wenn sie wissen, wofür sie die Zeit reservieren möchten, können sie sie auch füllen.

Andere haben tausend Ideen, was sie tun würden, »wenn sie Zeit hätten«. Sie müssen sich entscheiden, Zeiten für sich selbst einzuräumen, um zu tun, was ihnen Spaß macht und ihnen gut tut. Sie werden wahrscheinlich immer wieder darum kämpfen müssen, diese Zeit wirklich für sich frei zu halten. Es wird ihnen auch nicht leicht fallen, eine der tausend Ideen auszuwählen und sie zu verwirklichen.

Hören wir, wie Doris, deren Motto lautet »Das kleinste Zimmer ist für mich gut genug«, ein Wochenende auf neue Weise gestaltet:

Doris hat zum ersten Mal seit langem ein freies Wochenende. Sie ist allein, die Kinder sind in einem Ferienlager. Bisher hat sie ihre Freizeit zum Einkaufen und zur Reinigung der Wohnung verwendet, oder sie hat sich mit Freundinnen getroffen.

Und jetzt? Sie geht und kauft sich einen Liegestuhl. Sie legt sich hinein, nimmt zwischendurch ein Fußbad, lackiert ihre Nägel; sie spürt die Sonne auf ihrer Haut, hört Vogelgezwitscher; hört die Stundenschläge und merkt, wie die Zeit gemächlich vergeht.
Ab und zu zieht es sie ins Sorgenland: »Wie geht es den Kindern im Ferienlager? Können wir weiterhin die teure Wohnungsmiete bezahlen?«
Bewusst zügelt sie dann ihre Gedanken und kehrt in die Gegenwart zurück.

Wie wichtig die innere Erlaubnis ist, für sich selbst Zeit beanspruchen zu dürfen, zeigt folgendes Traumbeispiel sehr eindrucksvoll.

Ich habe auch gewartet
Im Traum steht Mireille in einer Warteschlange vor dem Schalter eines Reisebüros. Sie hätte gerne Auskunft auf mehrere Fragen. Wie sie an der Reihe ist, reklamiert jemand hinter ihr: »Das dauert aber lange! Könnt ihr nicht vorwärts machen?« Für einen Moment gerät Mireille unter Druck. Sie fragt sich: Beanspruche ich wirklich zu viel Zeit? Dann fällt ihr ein, dass sie ja auch in der Schlange gewartet hat, und stellt die Fragen, die sie stellen will.

Mireille erschrickt zunächst, als sie die ungehaltene Stimme hört. Sofort taucht das Gebot auf, das sie aus ihrer Kindheit kennt: »Du hast kein Recht, Zeit für dich zu beanspruchen. Du darfst niemandem Zeit wegnehmen.« Dann kommt der rettende Gedanke: »Ich habe gewartet wie alle anderen, daher darf ich auch Zeit beanspruchen wie alle anderen.« Der Traum kann Mireille in Situationen unterstützen, wo es darum geht, sich selber die notwendige Zeit zuzugestehen. Für Überverantwortliche ist es heilsam, sich ab und zu die Frage zu stellen: »Wage ich dasselbe für mich in Anspruch zu nehmen, was ich anderen fraglos zugestehe?«

Es ist wichtig, den heimlichen Leitsätzen, die das bisherige Leben bestimmt haben, auf die Spur zu kommen.

Machen wir ein letztes Experiment: Wir entfernen die Zeiger unserer Standuhr und halten das Pendel an. Was geschieht? Die messbare Zeit verschwindet. Eine andere Zeit kann hervortreten: Es ist die Zeit der günstigen Stunde, des glücklichen Moments. Wofür? Für das, was sich genau in diesem Moment ereignen kann und ablaufen will. Die Verbindung zu dieser Zeit können wir umso besser gewinnen, je mehr wir mit unserer inneren Stimme in Verbindung sind. Von daher baut sich das Gefühl für den stimmigen Zeitpunkt auf: Was jetzt geschieht, ist richtig. Beides ist gültig, Tun oder Nicht-Tun.

Alte Leitsätze – neue Botschaften

Bei einer weiteren Station finden wir Schriftrollen. Die eine ist oft gebraucht und vergilbt. Wir entrollen sie und beginnen zu lesen. Es sind Leitsätze, die das Leben von überverantwortlichen Menschen prägen:

Immer bei den andern.

Ich bin nur für dich da.

Ich darf nicht Nein sagen.

Ich weiß, was für dich gut ist.

Ich trage die ganze Last für dich.

Ich bin für alles verantwortlich.

Ich muss vollkommen sein.

Nur ich bin zuständig.

Wer sorgt sich um alles, wenn nicht ich.

Ganz bei dir, nicht bei mir.

Ich stimme dir in allem zu.

Immer nur Lächeln.

Nur ich kann dir helfen.

Ich trage es allein.

Nur wenn ich leiste, werde ich geliebt.

Ich bin schuld, wenn es dir schlecht geht.

Ich opfere mich für dich.

Es ist hilfreich, den heimlichen Leitsätzen, die das bisherige Leben bestimmt haben, auf die Spur zu kommen. Sie bleiben zwar weiterhin wirksam, es ist aber möglich, sie immer wieder beiseite zu legen und sich gegenläufige Botschaften einzuprägen.

Ich bin bei dir *und* bei mir.

Ich darf eine eigene Meinung haben.

Ich darf Raum für mich selber einnehmen.

Ich darf Fehler machen.

Was ich tue, genügt.

Ich muss nicht immer nützlich sein.

Ich darf mir Zeit nehmen.

Mein Körper gehört mir.

Ich bin nicht schuld, wenn es dir schlecht geht.

Mit meinen Sorgen kann ich nichts verändern.

Ich nehme mich an, so wie ich bin.

Ich darf Nein sagen.

Ich muss nicht alles recht machen.

Ich darf auch traurig und ärgerlich sein.

Ich tue, was ich kann; mehr kann ich nicht.

Ich übernehme meinen Teil der Last, du den deinen.

Ich darf ausruhen und mich entspannen.

Ich darf mich selber spüren.

Ich übernehme die Verantwortung für mich selbst, für meine Kraft und meine Gesundheit.

Ich kann dich nicht heilen.

Ich darf mir helfen lassen.

Unterbrechen, ein Kurz-Programm

Wir kommen nun zu einem Stopp-Signal und halten an. Genau darum geht es an dieser Stelle; um eine Unterbrechung, ein kurzes Aussteigen aus der Tretmühle der Überverantwortlichkeit. Mögliche »Unterbrecher« sind:

- einen tiefen Atemzug nehmen, hörbar ausatmen,
- am offenen Fenster fünf- bis zehnmal tief ein- und ausatmen,
- die Hände und Arme kräftig ausschütteln, danach die Füße,
- im Stehen beide Arme um den Körper herum schwingen, dabei die Augen frei schweifen lassen,
- den Mund leicht öffnen, den Unterkiefer etwas lockern und hörbar ausatmen,
- einen »langsamen Spaziergang« machen,
- eine Weile nur auf die Töne und Geräusche in der Umgebung achten,
- Farben und Formen von Gegenständen bewusst wahrnehmen und benennen,
- sich einen Raum vorstellen, in dem man sich wohl fühlt,
- vor dem Sprung ans Telefon oder an die Haustüre, wenn es klingelt, innehalten und bis fünf zählen.

»Unterbrecher« sind meist kurze Tätigkeiten, die die im Körper verankerte überverantwortliche Haltung auflockern.

Loslassen

Wir kommen zur letzten Station auf unserer Reise. Hier lodert ein Feuer. Wir blicken in die Flammen, hören das Knistern und Knacken, und wir spüren die Wärme. Nun lasse ich alle Menschen, die mir lieb und wichtig sind, an meinem inneren Auge vorbeiziehen. Indem ich in das Feuer blicke, überlege ich: Um wen kreisen meine Sorgen besonders? Wem nehme ich Verantwortung ab? Und: Darf ich darauf vertrauen, dass diese Menschen ihren Weg finden? Darf ich ihnen zumuten, Fehler zu machen und vielleicht daraus zu lernen?

Wenn ich mich anschicke, Sorgengespinste und Bürden von Verantwortung dem Feuer zu übergeben, vergegenwärtige ich mir nochmals, was ich verlieren werde: Ich riskiere Konflikte, wenn ich Nein sage oder ehrlich zu dem stehe, was ich denke. Ich verliere Macht über andere. Ich bin nicht mehr über alles auf dem Laufenden, nicht mehr für alles zuständig und unentbehrlich. Ich muss mich mit alten Ängsten und Schuldgefühlen auseinander setzen.

Wer Nein sagt oder ehrlich zu dem steht, was er denkt, riskiert Konflikte.

Indem ich aber den Schritt wage und meine Bürden so weit wie möglich dem Feuer übergebe, kann ich auch etwas gewinnen: Befreit von Überverantwortlichkeit, kann sich mein Herz öffnen; Mitgefühl und Liebe können Einzug halten.

Rituale im Alltag können das Loslassen erleichtern. Dazu zwei Beispiele:

Der Sorgenfänger

Ich wähle ein bauchiges Gefäß mit engem Hals. Es soll mein »Sorgenfänger« sein. Wenn Befürchtungen und Ängste aufsteigen, wie beispielsweise »Ich fürchte, mein Sohn wird die Prüfung nicht bestehen« oder: »Meine Mutter unternimmt eine Auslandsreise. Ich habe Angst, dass ihr etwas zustößt«, so schreibe ich sie auf einen Zettel. Diesen zerknülle ich und werfe die Papierkugeln in den Sorgenfänger.

Ein zweites Beispiel zeigt, wie ein Ritual Erleichterung bringen kann, auch wenn es sich um schwere Belastungen handelt:

Wir wollen einen Neuanfang wagen
Nach dem Krieg in Jugoslawien leitete ich zusammen mit einer Freundin ein Seminar in Bosnien. Wir machten den Teilnehmenden den Vorschlag, auf einem Zettel festzuhalten, was sie aus der Zeit des Krieges am meisten belastet. Alle bastelten daraus ein Papierschiffchen. Die ganze Gruppe begab sich an die Drina, den Fluss, der durch die Stadt fließt. Nacheinander übergaben wir unsere Schiffchen mitsamt ihrer Last dem Wasser. Alle schauten bewegt zu, wie sich die Papierflotte mit der Strömung entfernte und entschwand.

Die Gruppe war sich einig, dass dieses Ritual die tiefen Wunden des Krieges nicht auf einen Schlag heilen konnte. Es öffnete aber den Blick nach vorne; die Möglichkeit, wieder in den Fluss des Lebens zurückzukehren.

Wir sind am Ende unseres Orientierungslaufs angelangt. An diesem Punkt lohnen sich einige Fragen:
Welcher Posten hat mich am meisten angesprochen? Sind es mehrere? Gibt es welche, die mich kaum betreffen?
Was kann ich von dem Angebot der verschiedenen Posten in meinem Leben brauchen? Was lässt sich in meinen Alltag einbauen? Welches ist der erste oder der leichteste Schritt für mich hin zu einer Veränderung?
Wie wir am Anfang gesagt haben, bringen kleine Schritte uns dem Ziel näher als große. Wichtig ist, dass wir uns auf die Reise begeben.

Verantwortung und Lebensfreude

Heitere Spinne – leichtfüßiger Esel

Einer trage des andern Last
oder
Keiner trage des andern Last?

Dieses Motto haben wir an den Anfang unseres Buches gestellt. Die beiden Sätze unterscheiden sich durch einen einzigen Buchstaben. Scheinbar sagen sie das pure Gegenteil aus. Was ist nun richtig? Und was haben die beiden Aussagen mit unserem Thema zu tun?
Eines der wichtigsten Gebote in der jüdisch-christlichen Kultur heißt: »Du sollst deinen Nächsten lieben wie dich selbst.«[5] Nächstenliebe und Selbstliebe halten sich gemäß diesem Gebot die Waage. Wenn die erste Hälfte des Satzes »Liebe deinen Nächsten« überbetont und die zweite »wie dich selbst« vernachlässigt wird, kippt die Waage: Die Selbstliebe gerät ins Abseits. Überverantwortliche Menschen leben in diesem Ungleichgewicht.
Gegenwärtig scheint in unserer westlichen Gesellschaft die

Waage in die andere Richtung zu kippen. »Liebe dich selbst« oder »Jeder ist sich selbst der Nächste« nimmt, zumindest als rationale Einstellung, offensichtlich zu.
Auf der Suche nach Ich-Verwirklichung sind wir in die Vereinzelung geraten und wähnen uns nicht mehr abhängig voneinander. Dazu zwei Beispiele:

Esther wartet mit dem Kinderwagen an einer Haltestelle. Wie der Bus sich nähert, bittet sie einen jungen Mann, ihr beim Einsteigen zu helfen. Seine Antwort: »Ich habe keine Lust.«

Lisa geht mit ihrem Hund spazieren. Wo der Weg sich verengt, kommt ihr eine Frau mit ihrer Dogge an der Leine entgegen. Das Tier knurrt und geifert, zerrt an der Leine, fletscht die Zähne und schnappt in die Luft. Lisa ruft: »Ich habe Angst!« Sie erwartet, dass die Frau stehen bleibt und ihren Hund enger an die Leine nimmt. Stattdessen bekommt sie zu hören: »Das ist Ihr Problem!«

Sätze wie »Das ist dein Problem!«, »Für mich stimmt es nicht!«, »Dein Bier«, »Die sollen doch selbst schauen!« werden häufig dazu verwendet, soziale Verantwortung abzuschieben und auf die berechtigten Anliegen anderer Menschen nicht einzugehen.
Ist der zweite Satz unseres Mottos »Keiner trage des andern Last« also eine Einladung, nur auf sich selbst zu achten? Sozusagen als neues Credo der Un-Verantwortlichkeit? Natürlich nicht. Wir möchten auf keinen Fall einen mehr oder weniger verbrämten Egoismus befürworten. Es geht uns um das lebendige Gleichgewicht zwischen den beiden Waagschalen.
Kehren wir zum ersten Satz des Mottos zurück: »Einer trage des andern Last.« Er findet sich im Brief des Apostels Paulus an die Galater[6]. Für sich genommen, könnte er missverstanden werden als Aufforderung, einem beladenen Menschen auf jeden Fall seine Bürde abzunehmen. Aus dem Zusammenhang mit dem übrigen Text geht hervor, dass es sich um eine Anweisung für das Zusammenleben in der Gemein-

schaft handelt. Es geht um Anteilnahme und Solidarität gegenüber Menschen, die auf irgendeine Weise schuldig geworden sind. Sie sollen nicht ausgegrenzt und geächtet werden. Überheblichkeit ist fehl am Platz. Ihre Last soll durch Mitgefühl erleichtert werden. Das ist der Sinn der Aufforderung »Einer trage des andern Last«. Es bedeutet nicht, die Bürde anderer Menschen auf den eigenen Buckel zu laden und sich damit zu überlasten.
Im selben Text heißt es etwas später: »Denn jeder wird seine eigene Bürde zu tragen haben.« Dieser Satz bezieht sich auf die Eigenverantwortlichkeit eines jeden Menschen. Mit »seine eigene Bürde tragen« ist gemeint, dass wir uns selbst ohne beschönigende rosa Brille betrachten und zu unseren Fehlern, Schwächen und Schattenseiten stehen müssen. Diese Verantwortung können wir an niemanden abgeben. Wir können sie auch für niemanden übernehmen. In diesem Sinne kann keiner des andern Last tragen.
Jeder der beiden Sätze stimmt also auf seine Weise und hat seine Gültigkeit in einem bestimmten Bereich. Die beiden Sätze ergänzen sich. Sie können nur zusammengenommen und als Ganzes verstanden werden.
Im neuen Testament findet sich ein weiteres Beispiel zu unserem Thema: die Geschichte von Marta und Maria.

Sie zogen zusammen weiter, und er kam in ein Dorf. Eine Frau namens Marta nahm ihn freundlich auf. Sie hatte eine Schwester, die Maria hieß. Maria setzte sich dem Herrn zu Füßen und hörte seinen Worten zu. Marta aber war ganz davon in Anspruch genommen, für ihn zu sorgen. Sie kam zu ihm und sagte: »Herr, kümmert es dich nicht, dass meine Schwester die ganze Arbeit mir allein überlässt? Sag ihr doch, sie soll mir helfen!« Der Herr antwortete: »Marta, Marta, du machst dir viele Sorgen und Mühen. Aber nur eines ist notwendig. Maria hat das Bessere gewählt, das soll ihr nicht genommen werden.«[7]

Was hören wir da? Marta sorgt sich um das leibliche Wohl ihres Gasts. Sie ist geschäftig und hat keine Zeit, ihm zu Füßen zu sitzen. In ihrem Ärger über die untätige Schwester geht sie zu Jesus und beklagt sich. Sie wünscht, dass er Maria veranlasst, ihr zu helfen. Jesus antwortet wie ein ehrlicher Freund. Zunächst erkennt er an, was Marta leistet: »Du sorgst dich um vieles.« Danach fährt er weiter: »Aber nur eines ist notwendig.« Damit lädt er Marta ein, ihren Maßstab zu überprüfen. Ist es so wichtig, dass das Haus aufgeräumt und blitzblank geputzt ist? Muss den Gästen ein aufwändiges Essen vorgesetzt werden? Mit den Worten »Maria hat das Bessere erwählt« erlaubt er, dass Kelle und Schöpflöffel beiseite gelegt werden dürfen.

Wir erfahren nicht, wie Marta reagiert. Geht sie in sich, wird sie ruhiger, sagt sie sich: »Brot, Käse und Wein genügen«? Murrt sie: »Vom Dasitzen und Zuhören wird keiner satt«? Auf jeden Fall muss sie akzeptieren, dass Maria das Recht hat, dazusitzen und nicht geschäftig zu sein.

Den Gegensatz zwischen Marta und Maria erleben wir oft in uns selbst als inneren Konflikt. Wir fühlen uns verantwortlich für das Wohl der uns Anvertrauten, wir möchten eine reiche Tafel anbieten, wir beschäftigen uns mit Organisieren, Vorbereiten, Ausführen – und übernehmen uns dabei. Der Maria-Teil in uns, der nach Stille und geistiger Nahrung verlangt, kommt zu kurz und darbt.

Ein neues Gleichgewicht finden im Umgang mit anderen und uns selbst.

Es geht darum, vom Vielen zum Wenigen zu kommen: Die geschäftige Marta darf sich erlauben, Unwichtiges wegzulassen, damit die hellhörige Maria genügend Zeit für sich selbst bekommt. So kann sich ein neues Gleichgewicht einpendeln. Ein Gleichgewicht nach außen, im Umgang mit andern Menschen, aber auch nach innen, im Umgang mit uns selbst.

Im vorigen Kapitel haben wir Hinweise gegeben, wie man als Überverantwortliche im Alltag zu einem besseren Gleichgewicht kommen kann. Der Weg ist mit Üben verbunden. Auch hier gilt: Den Schlüssel in die Hand bekommen ist eines. Im Schloss umdrehen muss ihn jeder für sich.
Zum praktischen Üben und Immer-wieder-einen-Schritt-Tun kommt aber noch etwas hinzu, das man nicht einfach herstellen oder »machen« kann. Es geht um eine Änderung der Einstellung, sich selber und dem Leben gegenüber.
Ein chinesischer Weisheitsspruch drückt es so aus:

> Dass die Vögel des Kummers und der Sorge
> über deinem Haupt fliegen,
> kannst du nicht verhindern.
> Du kannst aber verhindern,
> dass sie in deinen Haaren Nester bauen.

Die Vögel des Kummers und der Sorge lassen sich nicht mit einer Handbewegung ein für alle Mal verscheuchen. Aber sie sollen unser Leben nicht mehr maßgeblich beeinflussen.
Damit sie Sorgen und Lasten immer wieder loslassen können, brauchen Sorgenspinnen bildlich gesprochen ein neues Netz; keines jedoch, das andere einwickelt und festhält. Das neue Netz ist mit einem Haltefaden auf der Erde verankert. Das heißt: Ich habe einen lebendigen Bezug zu meinem Körper. Mit meinen Sinnen nehme ich auf, was um mich herum ist, und spüre, was in mir ist. Ich achte auf meine Sehnsucht nach Unterstützung und nehme dankbar wahr, wann und wo ich mich geborgen und aufgehoben fühle.
Ein zweiter Haltefaden des Netzes richtet sich gegen den Himmel. Das heißt, ich versuche immer wieder das Vertrauen zu finden, dass mein Leben ein Ziel und einen Sinn hat, auch wenn ich »nur« verantwortlich und nicht überver-

antwortlich bin. Wenn sich die Vögel des Kummers und der Sorge bei mir einnisten wollen, gebe ich meinen Gedanken und Phantasien bewusst eine andere Richtung. Die beiden Haltefäden erlauben mir, ein lebendiges Gewebe von Beziehungen zu meinen Mitmenschen entstehen zu lassen aus Liebe, Mitgefühl und Verantwortung.
Und der Lastesel? Er braucht immer wieder einen Ort der Ruhe, wohin er sich zurückziehen kann; bildlich gesprochen: einen warmen, behaglichen Stall. Hier kann er seinen geplagten Rücken strecken und sich niederlegen, wenn er müde ist. Er darf spüren, wie es sich anfühlt, wenn er unbelastet ist.
Dann ergeht es ihm wie dem Spatz im ersten Kapitel, der mit seinen Beinchen das Himmelsgewölbe trug: Als er wegflog, stürzte der Himmel nicht ein. So kann auch der überverantwortliche Mensch das Vertrauen entwickeln, dass die Welt nicht untergeht, wenn er nicht mehr andauernd für die Lösung aller Probleme zuständig ist.
Manchmal brauchen Überverantwortliche tatsächlich einen abgeschiedenen Ort, wo sie zu sich kommen und Kraft schöpfen können. Wichtig ist herauszufinden: Wann und wo ist es mir möglich, immer wieder das Gefühl der Entlastung zu erleben.
Bernard de Clairvaux hat im 12. Jahrhundert an Papst Eugen einen Brief geschrieben. Mit einem Zitat aus diesem Brief wollen wir schließen:

»Gönne dich dir selbst. Ich sage nicht: Tu das immer, ich sage nicht, tu das oft, aber ich sage: Tu es immer wieder einmal. Sei wie für alle anderen auch für dich selbst da, oder jedenfalls sei es nach allen andern.«[8]

Immer für die andern da?

61 Fragen zur eigenen Überverantwortlichkeit

Der folgende Fragenkatalog erleichtert das Erkennen der eigenen Überverantwortlichkeit. Sie können die Liste durchlesen und kennzeichnen, was für Sie zutrifft. Jede mit »Ja« beantwortete Frage ergibt einen Punkt. Dann zählen Sie die Punkte zusammen und ermitteln Sie, wie viele davon A, B oder C zuzuordnen sind. Die Auswertung finden Sie auf Seite 152.

1. Muss ich sofort beschwichtigen und Wogen glätten, wenn Konflikte in meiner Umgebung auftauchen? A
2. Stimme ich Kompromissen zu, die mich benachteiligen, um mit meiner Umgebung in Harmonie zu leben? A
3. Verzeihe ich anderen Fehler eher als mir selber? B
4. Habe ich oft gute Ideen für andere und meine, sie müssten sie übernehmen? C
5. Setzt mich eine übernommene Aufgabe unter ständigen Druck, und sorge ich mich, ob alles perfekt abläuft? C

6.	Bin ich bestrebt, jederzeit und überall erreichbar zu sein?	B
7.	Gehe ich so bereitwillig auf andere ein, dass ich darüber meine eigenen Bedürfnisse vergesse?	A
8.	Bin ich übermäßig pflichtbewusst und habe ich Angst, Fehler zu machen?	B
9.	Versuche ich angestrengt, mir nahe stehende Menschen vor schlechten Erfahrungen zu bewahren?	C
10.	Kreisen meine Gedanken im Voraus um mögliche Probleme, die vielleicht nie auftauchen?	C
11.	Fällt es mir schwer, das Telefon (ohne Anrufbeantworter) klingeln zu lassen, wenn ich z.B. unter der Dusche stehe?	B
12.	Halte ich mich für so kompetent und sachverständig, dass mich niemand ersetzen kann?	B
13.	Passe ich mich leicht und fast immer an?	A
14.	Habe ich Angst, andere zu verletzen, und vermeide ich deswegen ein offenes Wort?	B
15.	Weiß ich oft, was gut ist für andere, besser als sie selber?	C
16.	Fühle ich mich manchmal gleichzeitig angetrieben und erschöpft?	B
17.	Bin ich bereit, Vieles zu teilen, von der Zahnbürste bis zum Partner?	A
18.	Arbeite ich oft bis spät abends und an Wochenenden?	B
19.	Nehme ich regelmäßig Arbeit in die Ferien mit?	B
20.	Fühle ich mich verantwortlich dafür, dass alle zufrieden sind, z.B. bei einem Familienfest oder einer Vereinsfeier?	C
21.	Setze ich mich für Menschen und Aufgaben ein, ohne Rücksicht auf meine Kräfte?	B

22. Tue ich mich schwer damit, meiner Partnerin/meinem Partner eigene Bereiche und Interessen zuzugestehen? C

23. Liege ich nachts manchmal wach und ängstige mich beim Gedanken, was meinen Nächsten zustoßen könnte? C

24. Ist es mir wichtig, dass man mich gern hat, auch wenn es sich um Leute handelt, die mir eigentlich gleichgültig sind? A

25. Sage ich vorschnell Ja, obwohl ich eigentlich Nein sagen möchte? A

26. Habe ich manchmal das Gefühl, es hänge alles an mir und ich müsse mich allein um alles kümmern? C

27. Fällt es mir schwer auszuspannen und kein Programm zu haben? B

28. Gehe ich gewohnheitsmäßig ausschließlich auf die sexuellen Wünsche meiner Partnerin/meines Partners ein, ohne Rücksicht auf eigene Bedürfnisse? A

29. Habe ich Mühe, meine betagten Eltern auf ihre Art leben zu lassen, obwohl ich ihre Lebensweise weder für vernünftig noch für gesund halte? C

30. Kommt es vor, dass ich übertriebene Komplimente und unangemessene Geschenke mache? A

31. Kann ich schlecht Geschenke und Komplimente annehmen? A

32. Habe ich eine Tendenz zum Überbehüten? C

33. Halte ich mich für unentbehrlich? B

34. Neige ich dazu, meine Kräfte und meine Belastbarkeit zu überschätzen? B

35. Halte ich mich gewohnheitsmäßig bescheiden zurück und will ich um keinen Preis auffallen? A

36. Bin ich einseitig leistungsorientiert? B

37. Übernehme ich unangenehme Aufgaben für andere, auch wenn es mir eigentlich zu viel ist? B

38. Kann ich schlecht eigene Wünsche anmelden und etwas für mich selbst fordern? A

39. Fällt es mir schwer, meine Kinder selbständig werden zu lassen? C

40. Bin ich versucht, meiner Partnerin/meinem Partner störende Eigenheiten abzugewöhnen? C

41. Kann ich schwer unterscheiden zwischen dem, was ich sollte, und dem, was ich eigentlich will? A

42. Darf ich erst für mich sorgen, wenn ich krank im Bett liege? B

43. Übergehe ich Warnsignale meines Körpers, wie z.B. Fieber, Kopfschmerzen, Magenweh? B

44. Erwarte ich insgeheim eine Belohnung für einen selbstlosen Einsatz? A

45. Versuche ich krampfhaft, den Erwartungen anderer zu genügen? A

46. Kann ich mich schlecht entscheiden, z.B. beim Auswählen von Geschenken oder beim Kofferpacken? A

47. Beschäftige ich mich in Gedanken oft mit morgen, übermorgen und mit der ferneren Zukunft? C

48. Nehme ich Stress und Anspannung auf mich, ohne den Versuch, mich zu entlasten? B

49. Fällt es mir schwer, Verantwortung abzugeben? B

50. Habe ich große Hemmungen auszusprechen, was mich ärgert und verletzt? A

51. Kann ich nicht anders als helfen, wenn ich um Unterstützung gebeten werde? B

52. Bleiben die Sorgen anderer an mir hängen und halten mich nachts wach? C

53. Gebe ich mich großzügiger, als ich bin, und merke ich erst hinterher, dass ich mich dabei selber übergangen habe? A

54. Verdopple ich meine Fürsorge, je bedürftiger jemand ist, und übersehe ich die Gefahr, dass er/sie abhängig wird und unselbständig bleibt? C

55. Setze ich oft ein Lächeln auf, auch wenn mir nicht danach zumute ist? A

56. Fällt es mir schwer, mir eine eigene Meinung zu bilden? A

57. Habe ich Mühe, meinen Standpunkt andern gegenüber zu vertreten? A

58. Lasse ich mich leicht anstecken von trüben Stimmungen anderer und kann ich mich schwer davon lösen? C

59. Lasse ich mich leicht durch den Geschmack, die Stimmungen oder Ansichten anderer beeinflussen? A

60. Nehme ich andern Pflichten und Aufgaben ab, weil ich meine, ich dürfe sie ihnen nicht zumuten? C

61. Gebe ich mich anspruchsloser, als ich bin? A

Auswertung der Fragen zur eigenen Überverantwortlichkeit

Haben Sie mehr als dreißig Punkte erreicht? In diesem Fall sind Sie eindeutig überverantwortlich.
Liegt Ihre Punktzahl zwischen sieben und dreißig, neigen Sie zu überverantwortlichem Verhalten. Sind es weniger als sieben Punkte? Dann können Sie das Buch getrost weitergeben!

Die Buchstaben A, B und C beziehen sich auf die drei Untergruppen von Überverantwortlichkeit (siehe 1. Kapitel). Anhand der Verteilung der Punkte auf A, B oder C sehen Sie, welcher Gruppe Sie am ehesten zuzuordnen sind:

Gruppe A: Anpassung über alles: »Ganz bei dir, nicht bei mir.«
Gruppe B: Zuständig für alles: »Ganz bei der Pflicht, nicht bei mir.«
Gruppe C: Sorgen um alles: »Meine ganze Sorge gilt dir.«

Am Ende bleibt die Frage des Anfangs: »Immer für die andern da – und ab und zu auch für mich?« Allein die Tatsache, dass Sie sich dieses Buch besorgt haben, zeigt, dass Sie auf dem besten Wege sind, dieses Ziel zu erreichen.

Nachwort

Überverantwortlichkeit ist für uns ein Lebensthema. Es betrifft und beschäftigt uns sowohl in den eigenen Familien wie auch im Freundes- und Bekanntenkreis. In unserer Arbeit als Psychotherapeutinnen setzen wir uns immer wieder neu damit auseinander. Aufgrund von gemeinsamen Gesprächen haben wir beschlossen, uns vertieft mit diesem Thema zu befassen. Dass schließlich ein Buch entstanden ist, verdanken wir unserer Freude am Schreiben, dem gemeinsamen Willen, durchzuhalten, und auch der Nachsicht unserer engsten Familien.
Das Verfassen und Festhalten des Textes forderte unsere eigene Überverantwortlichkeit heraus: Wann gab die eine oder die andere vorschnell und allzu bereitwillig nach, wann beharrten wir auf eigenen Wendungen, die uns lieb waren? Es war eine Herausforderung, uns immer wieder zu Gunsten des Drittten, des Buches, zu entscheiden. In dieser Art zu denken und zu schreiben haben wir uns auf gute Weise ergänzt und dies als große Bereicherung empfunden.

Dank

An dieser Stelle danken wir allen, die zum Entstehen des vorliegenden Buches beigetragen haben: vor allem unseren Familien, für ihr Verständnis und ihre Nachsicht, unseren Freund/innen, die uns unterstützten und ermutigten, unseren Klient/innen, die ihre Erfahrungen mit uns teilten.

Irène Kummer, Dorothee Imboden, Claudia Schuh, Edmond, Andreas und Matthias Werder haben unser Manuskript während des Entstehens gelesen und uns mit Rückmeldungen über Stil und Inhalt sehr geholfen. Helene Gschwend hat unser Manuskript gestaltet und lesbar gemacht; sie hat uns betreut wie eine gute Hebamme.

Besonderer Dank gilt unseren amerikanischen Ausbildern in integrativer Körper-Psychotherapie (JBP) Jack Lee Rosenberg und Beverly Kitaen sowie dem IBP-Institut in Los Angeles und Winterthur. Sie haben uns den Begriff von Agency (Agentenverhalten) nahe gebracht. Wir haben ihn mit »Überverantwortlichkeit« übersetzt und dieses Konzept für unser Buch übernommen. Nicht zuletzt danken wir Dagmar Olzog, unserer Lektorin, für ihre aufmunternde und kompetente Begleitung.

Wer sich mit seiner Überverantwortlichkeit auseinander setzen möchte, sei auf folgende Institute hingewiesen:

Zentrum für Form und Wandlung, Zürich
Leitung: Elisabeth Schlumpf und Irène Kummer
Organismisch-integrative Körpertherapie (OIP)
Predigergasse 10, CH-8001 Zürich
Telefon: (01)-261 98 02, Fax (01)-261 98 03

IBP Institut Winterthur
Leitung: Markus Fischer
Wartstraße 3, CH-8400 Winterthur
Telefon (052)-212 34 30, Fax (052)-212 34 33
E-Mail: ibp.institut@pop.agri.ch

IBP Institut Berlin
Institut für integrative Körper-Psychotherapie
Carmerstraße 10, D-10623 Berlin
Telefon (030)-31 50 88 80, Fax (030)-315 08 88
E-Mail: ibpBerlin@snafu.de

Integrative Body Psychotherapy
The Rosenberg-Kitaen Central Institute
1551 Ocean Avenue, Suite 230, Santa Monica, CA 90401
Phone 310 395-2117, Fax 310 395-1313
E-Mail: info@ibponline.com , Internet: www.ibponline.com

All diese Institute bieten eine Ausbildung sowie Therapien, Beratungen und Kurse an.

Anmerkungen

1 Ursprünglich heißt das Sprichwort: »Spinnen am Morgen, Kummer und Sorgen. Spinnen am Abend, erquickend und labend.« Frauen in materieller Not mussten sich schon morgens ans Spinnrad setzen. Wer nicht auf die Einkünfte aus dem Spinnen angewiesen war, tat dies am Abend zur Freude und Entspannung. Später veränderte sich der Sinn des Sprichworts dahin, dass der Anblick einer Spinne Kummer und Sorgen für den Tag bedeute.

2 Im Bestreben, umständliche Formulierungen zu vermeiden, verwenden wir im Text beliebig die weibliche und die männliche Form.

3 Wir beziehen uns hier nicht auf den mythologischen Gehalt des Märchens, sondern auf eine oft geäußerte Sichtweise der Figur der Goldmarie.

4 Vgl. »The Intimate Couple« von Jack L. Rosenberg und Beverly Kitaen-Morse.

5 Levitikus 19/17, Markus 12/31

6 Kap. 6, Vers 2, 5

7 Lukas 10,38–42

8 Aus: *Und alles lassen, weil Er mich nicht läßt,* Anselm Grün, Andrea Aschwarz, Herder 1996

Literatur

Aronson, Elliot: *Ausgebrannt. Vom Überdruss zur Selbstentfaltung.* Stuttgart: Klett-Cotta 1994

Badinter Elisabeth: *Die Identität des Mannes. Seine Natur, seine Seele, seine Rolle.* München: Piper 1997

Bepko, Claudia und Krestan, Jo A.: *Das Superfrauen-Syndrom. Vom weiblichen Zwang, es allen recht zu machen.* Frankfurt a.M.: Fischer 1994

Boszormenyi-Nagy, Ivan und Spark, Geraldine M.: *Unsichtbare Bindungen. Die Dynamik familiärer Systeme.* Stuttgart: Klett-Cotta 1998

Bürki-Fillenz, Ago: *Ich bin nicht mehr die Frau, die du geheiratet hast. Herausforderung für die Partnerschaft.* München: Kösel 1994

Debold, E./Wilson, M./Malavé, I.: *Die Mutter-Tochter-Revolution.* Reinbek: Rowohlt 1996

Dowling, Colette: *Der Cinderella-Komplex. Die heimliche Angst der Frauen vor der Unabhängigkeit.* Frankfurt a.M.: Fischer 1987

Dies.: *Perfekte Frauen. Die Flucht in die Selbstdarstellung.* Frankfurt a.M.: Fischer 1989

Erikson, Erik H.: *Kindheit und Gesellschaft.* Stuttgart: Klett-Cotta, 11. veränd. Aufl. 1992

Guggenbühl-Craig, A.: *Macht als Gefahr beim Helfer.* Basel: S. Karger 1987

Jellouschek, Hans: *Die Kunst als Paar zu leben.* Stuttgart: Kreuz 1999

Keleman, Stanley: *Leibhaftes Leben. Wie wir uns über den Körper wahrnehmen und gestalten können.* München: Kösel 1982

Ders.: *Forme dein Selbst. Wie wir Erfahrungen verkörpern und umgestalten. Ein Übungsbuch.* München: Kösel 1994

Kummer, Irène: *Ich bin die Frau, die ich bin. Eine lebendige Beziehung zu sich und anderen finden.* München: Kösel 1994

Dies.: *Im Mittelpunkt meines Lebens. Frauen ergreifen die Chancen der zweiten Lebenshälfte.* München: Kösel 1998

Largo, Remo H.: *Kinderjahre. Die Individualität des Kindes als erzieherische Herausforderung.* München: Piper 1999

Lerner, Harriet Goldhor: *Wohin mit meiner Wut? Neue Beziehungsmuster für Frauen.* Frankfurt a.M.: Fischer 1996

Dies.: *Zärtliches Tempo. Wie Frauen ihre Beziehungen verändern, ohne sie zu zerstören.* Frankfurt a.M.: Fischer 1997

Miller, Alice: *Das Drama des begabten Kindes und die Suche nach dem wahren Selbst. Eine Um- und Fortschreibung.* Frankfurt: Suhrkamp 1997

Moeller, Michael Lukus: *Die Wahrheit beginnt zu zweit. Das Paar im Gespräch.* Reinbek: Rowohlt 1992

Norwood, Robin: *Wenn Frauen zu sehr lieben. Die heimliche Sucht, gebraucht zu werden.* Reinbek: Rowohlt 1991

Onken, Julia: *Geliehenes Glück. Ein Bericht aus dem Liebesalltag.* München: Beck 1999

Pipher, Mary: *Reviving Ophelia.* New York: Ballantine 1997

Rosenberg, Jack Lee: *Körper, Selbst & Seele. Ein Weg zur Integration.* Paderborn: Junfermann 1996

Ders.: *The intimate Couple.* Atlanta: Turner 1996

Schmidbauer, Wolfgang: *Hilflose Helfer. Über die seelische Problematik der helfenden Berufe.* Reinbek: Rowohlt 1977

Thich, Nhat Hanh: *Die Sonne, mein Herz.* Berlin: Theseus 1998

Welter-Enderlin, Rosmarie: *Paare – Leidenschaft und lange Weile.* München: Piper 1998

Willi, Jürg: *Die Zweierbeziehung. Spannungsursachen – Störungsmuster – Klärungsprozesse – Lösungsmodelle. Analyse des unbewußten Zusammenspiels in Partnerwahl und Paarkonflikt: das Kollusionskonzept.* Reinbek: Rowohlt 1997

Ders.: *Was hält Paare zusammen? Der Prozeß des Zusammenlebens in psycho-ökologischer Sicht.* Reinbek: Rowohlt 1997

Wyrwa, Holger: *Die Schlaraffenlandkinder.* Berlin: Quadriga 1998

In der Fülle des Lebens

Irène Kummer
IM MITTELPUNKT MEINES LEBENS
Frauen ergreifen die Chancen der zweiten Lebenshälfte
Unter Mitarbeit von Elisabeth Schlumpf
260 Seiten. Kartoniert
32,-/218,-/28,50
ISBN 3-466-30452-0

In der zweiten Lebenshälfte beginnen viele Frauen über ihren Standort im Leben nachzudenken. Das bisher gelebte Leben lässt sich nicht mehr verändern, wohl aber die jetzige Betrachtungsweise.

Die bekannte Schweizer Therapeutin Irène Kummer lädt dazu ein, unsere inneren Kraftquellen und Ressourcen zu entdecken.